新时代经济管理创新研究

冯东　闫志刚　皮胜华◎著

北京燕山出版社
BEIJING YANSHAN PRESS

图书在版编目（ＣＩＰ）数据

新时代经济管理创新研究 ／ 冯东，闫志刚，皮胜华
著. -- 北京 ： 北京燕山出版社，2023.7
ISBN 978-7-5402-6944-9

Ⅰ．①新… Ⅱ．①冯… ②闫… ③皮… Ⅲ．①企业管
理－创新管理－研究－中国 Ⅳ．①F279.23

中国国家版本馆CIP数据核字(2023)第 090950 号

新时代经济管理创新研究

作　　者	冯　东　闫志刚　皮胜华	
责任编辑	王　迪	
出版发行	北京燕山出版社有限公司	
社　　址	北京市西城区椿树街道琉璃厂西街20号	
电　　话	010-65240430	
邮　　编	100052	
印　　刷	北京四海锦诚印刷技术有限公司	
开　　本	787mm×1092mm　1/16	
字　　数	208千字	
印　　张	11.25	
版　　次	2023 年 7 月第 1 版	
印　　次	2023 年 7 月第 1 次印刷	
定　　价	75.00 元	

作者简介

冯东，男，本科，高级经济师。1992 年到山东省水利科学研究院工作，先后在总务科、老干部科、水利科技信息所、政工办公室、组织人事办公室任职。目前主要负责单位干部选拔任用，薪酬管理及绩效工资分配，人才引进和培养，岗位设置及聘任，职称申报推荐，人员调配、绩效考核、奖惩等工作。发表经济管理及人力资源管理方面的论文 5 篇，首位取得人力资源管理方面的软件著作权 2 项，参与取得实用新型专利 7 项。

闫志刚，山西寿阳人，硕士研究生，副研究员，入选辽宁省百千万人才工程"千"层次，辽宁科技创新智库专家，是中国科学学与科技政策研究会企业创新与产业政策专业委员会委员，辽宁省管理科学研究会理事，辽宁省软科学研究会会员，辽宁省多链融合企业服务团团长，辽宁省、盘锦市、营口市国有企业外部董事入库专家。曾主持、参与国家863 计划，科技部国际科技合作项目，中央引导地方发展专项等国家、省市、企业委托项目 30 余项，发表国际、国内论文 10 余篇。

皮胜华，男，1967 年 7 月出生，本科，工作单位为山东省精神卫生中心，高级经济师。拥有 20 余年的经济与管理实践经验，先后在医院门诊挂号收费处、住院处从事经济管理类工作；目前任营养科主任，主要负责营养与膳食保障管理等相关工作，为中国营养学会会员，山东省特医食品委员会委员；主要研究方向为经济管理在医疗领域的实践与应用，先后在《中国市场》《中国经贸》《经济管理》等期刊发表医院经济管理方面文章多篇。

前　言

　　经济和管理作为一种人类的基本活动，是社会从原始走向文明的伴生物，它始终是人类社会实践活动的结晶。对于宏观经济管理进行创新，其实质就是创新政府职能部门，说到底就是政府职能部门工作人员要具有创新意识，加强政府机构的责权和职能，也就是说，政府机构通过创新促进宏观管理效率的提高。基于我国目前的发展状况，维护市场秩序使其平稳安全运作是政府在宏观上管理经济主要的任务和主要职责，从而营造良好的市场经济环境。鉴于此，政府应不断调整其战略目标，基于创新完善公共体系、提高公共决策质量的需要，切实树立"服务"的理念，努力打造服务型政府。经济管理在现阶段需要创新相关的制度，也就是说，在原有经济管理制度进行完善的同时坚持创新管理制度，从而满足新时代对经济管理提出的新要求。在社会主义市场经济体制框架内，通过合理科学的管理制度把企业建设成强大的经济团体。通过创新制度，改革管理体系，从而适应市场经济发展的要求。通过创新经济管理制度对于企业内部的资源进行优化配置，进而优化企业的产品。同时，创新经济管理制度可以在市场内部有效建立组织结构，更加有利于开发和利用新产品。另外，创新经济管理制度还有利于构建全体成员全面参与的经济监督体制，在此基础上不断推出更具人性化的经济管理方法。这里还需要强调一点，那就是在创新经济管理制度的过程中必须满足适度的适应性，只有广大企业员工和管理人员能够快速适应创新性的经济管理制度，企业才可以获得更大的经济效益。

　　基于此，本书从经济管理概述介绍入手，针对市场经济分析、经济管理创新的宏观与微观分析、经济管理体系下的企业创新发展进行了分析研究；另外，对区域经济协调创新发展、循环经济创新发展做了一定的介绍；旨在摸索出一条适合新时代经济管理工作的科学道路，帮助其工作者在应用中少走弯路，运用科学方法，提高效率。

　　在本书的撰写过程中参考了大量理论与研究文献，在此向涉及的专家学者表示衷心的感谢。由于水平有限，加之时间仓促，本书难免存在疏漏，在此，恳请读者朋友批评指正！

目　录

第一章　经济管理概述

第一节　经济与管理

一、经济

（一）经济的概念

经济是人类社会的物质基础，没有经济就没有人类社会。经济与政治一样属于人类社会的上层建筑，是构建人类社会并维系人类社会运行的必要条件。"经济"一词的具体含义随语言环境的不同而不同，它既可以指一个国家的宏观的国民经济，也可以指一个家庭的收入和支出。"经济"有时作为一个名词，指一种财政状态或收支状态；有时候也可以作为动词使用，指一种生产过程等，"经济"是当前非常活跃的词语之一。

由于不同的学者从不同的角度进行了解释，使"经济"一词的含义更加广泛。同时由于国外经济学中经济学家给经济学下了各种各样的定义，但对经济的定义却比较模糊。目前，国内不同的学者从各自不同的角度，也给出了经济不同的定义，例如，经济就是人类以外部自然界为对象，为了创造满足人们需要所必需的物质环境而不断追求享受所采取的行为的总和；经济是指创造财富的过程；经济是指利用稀缺的资源以生产有价值的商品，并将它们分配给不同的个人；经济是指人类生活事务；经济是指把稀缺资源配置到各种不同的和相互竞争的需要上，并使稀缺资源得到充分利用，使用者得到最大满足；经济是指将稀缺的资源有效地配置给相互竞争的用途；经济是指个人、企业、政府以及其他组织在社会内进行选择，以及这些选择决定社会性稀缺资源的使用；经济是指社会管理自己的稀缺资源；经济是指在经济活动中确定劳动、资本和土地的价格，以及运用这些价格配置资源；经济是指金融市场行为，是指金融市场将资本配置到其他经济部门；经济是指收入分配，以及不损害经济运行的前提下对人给予帮助；经济是指政府支出、税收、预算、赤字对经济增长的影响；经济是指一定社会生产、交换、分配和消费等经济活动，以及所形成的经济关系和经济规律；经济是指资源配置的全过程及决定影响资源配置的全部因素；等等。

（二）资源和资源的稀缺性

1. 需要、欲望与需求

需要、欲望与需求都代表着一种渴求，但需要和欲望不能代表人们有购买能力，只有需求是具有购买能力的。

（1）需要

国内学术界对需要范畴的界定很多，但较为典型的主要有以下两种意见：

第一种观点是将人以外的其他生物体排除在外，认为人作为需要的主体，主要表现为主体对一定对象的要求或依赖，这种对象可以是某种目标、有机体的内外部环境条件以及客观事物等。

第二种观点是从哲学的角度，认为需要是包括人在内的一切生物有机体为了维持正常运转（生存、发展），必须与外部世界进行物质、能量、信息交换而产生的一种摄取状态。

从以上学术界对需要的认识来看，需要与人的生存发展条件密不可分，它始终存在于人们的生产、分配、交换和消费中，需要具有客观必然性；而从历史上看，不管是自给自足的自然经济，还是现代的商品经济社会，每个人都存在着需要，需要具有永恒性。

人类的生存与发展都面临着需要，需要是指没有得到某些基本满足的感受状态。

（2）欲望

欲望是对具体满足物的愿望，具有无限性和层次性。欲望的无限性就是指人超越客观条件的许可和道德、法律规范的约束，不顾一切地去满足自己的需要、去实现自己的希望的一种心理表现。

（3）需求

需求是指人们有购买能力并且愿意购买某种产品或服务的欲望。美国心理学家亚伯拉罕·马斯洛提出需求层次论，把人的需求划分为五个层次，即生理需求、安全需求、社交需求、尊重需求和自我实现需求。

马斯洛提出的五种需求呈梯形分布。生理需求指维持人类自身生命的基本需要，如对衣、食、住、行的基本需要。他认为，在这些需求没有得到满足以维持生命之前，其他需求都不能起激励人的作用。安全需求指人们希望避免人身危险和不受丧失职业、财物等威胁方面的需要。生理需求与安全需求属物质需求。社交需求是指人们希望与别人交往，避免孤独，与同事和睦相处、关系融洽的欲望。尊重的需求是指当第三层次需求满足后，人们开始追求受到尊重，包括自尊与受人尊重两个方面。自我实现的需求是一种最高层次的需要。它是指使人能最大限度地发挥潜能，实现自我理想和抱负的欲望。这种需求突出表现为工作胜任感、成就感和对理想的不断追求。马斯洛认为这一层次的需求是无止境的，一种自我实现需求满足以后，会产生更高的自我实现需求。马斯洛认为，社交需求、尊重需求和自我实现需求属精神需要。后来，在这五个层次的基础上，马斯洛又补充了求知的需求和求美的需求，从而形成了七个层次。

不同层次的需求可同时并存，但只有低一层次需求得到基本满足之后，较高层次需求才发挥对人行为的推动作用。在同一时期内同时存在的几种需求中，总有一种需求占主导、支配地位，称为优势需求，人的行为主要受优势需求所驱使。任何一种满足了的低层次需求并不因为高层次需求的发展而消失，只是不再成为主要激励力量。马斯洛的需求层次论反映了人类需求的无限性和层次性，正是人类社会需求的这种无限性和层次性，才推动着人类社会的不断进步。

2. 物品的分类

人们要使自己的欲望或需求得到满足，就必须消费一定量的物品和服务。能够满足人类需求的物品和服务可以按照不同的标志加以分类。

（1）按照是否有形来划分

①有形产品

有形产品是指能够提供给市场，被人们使用和消费，并能满足人们某种需求的任何有形的看得见摸得着的物品。如面包和手机，面包能够满足人们的饥饿，而手机能够满足人们交流的需要。如果这种劳动产品在市场中用于交换，则变成了商品。

②无形服务

服务可以按照不同的标志加以分类，最常用的是根据服务活动的本质来划分，把服务分为四类：作用于人的有形服务，如民航服务、理发等；作用于物的有形服务，如航空运输、草坪修整等；作用于人的无形服务，如广播、教育等；以及作用于物的无形服务，如保险、咨询服务等。

（2）按照是否支付货币来划分

①经济物品

经济物品是指人类利用稀缺的资源经过劳动创造，需要花费一定的成本才可以得到的物品。

②自由物品

自由物品是指由大自然作用而成的，具有遍在性（也叫泛在性，即指各个地区都广泛存在）的物品，如空气、阳光等。

3. 资源

生产经济物品的资源既包括经过人类劳动生产出来的经济物品，也包括大自然形成的自然资源。资源，也叫生产资源、生产要素，通常包括劳动、土地、矿藏、森林、水域等自然资源，以及由这两种原始生产要素生产出来再用于生产过程的资本财货，一般都把它分为经济物品（即国民财产）和自由物品（即自然资源）。在经济学里，一般认为资源包括资本、劳动、土地和企业家才能四种要素。土地和劳动这两种生产要素又称为原始的或第一级的生产要素，其中土地泛指各种自然资源。由两种原始生产要素生产出来的产品，除了直接用来满足人的消费需求以外，其中再投入到生产过程中的资本财货则称为中间产品。

4. 资源的稀缺性

在现实生活中，人们需求的满足绝大多数是依靠经济物品来完成的，而相对于人的无穷无尽的欲望而言，经济物品或生产这些经济物品的资源总是不足的，这种相对有限性就是资源的稀缺性。物品和资源是稀缺的，社会必须有效地加以利用，这是经济学的核心思想。

（1）相对性

资源稀缺性强调的不是资源绝对数量的多少，而是相对于人类社会需要的无限性而言的资源的有限性。从这一点来理解，资源的稀缺性是一个相对性的概念，它产生于人类对欲望的求足和资源的不足之间的矛盾中。某种资源的绝对数量可能很多，但人们所需要的更多；某些资源的数量是相对固定的，如土地，而人类的需要是无限增长的，随着人类社会的发展，土地资源的稀缺性会表现得越来越突出。

（2）永恒性

对于人类社会来说，资源稀缺性的存在是一个永恒的问题。除泛在性自然资源外，其他资源都是稀缺资源，任何人、任何社会都无法摆脱资源的稀缺性。资源稀缺性的存在是人类社会必须面对的基本事实。随着社会发展以及生产和生活条件不断进步，人类的需要会不断增长，同时，自由物品也会逐渐变成经济物品。需要的无限性是人类社会前进的动力，人类永远都要为满足自己不断产生的需要而奋斗。

（3）必要性

经济学研究的问题是由于资源稀缺性的存在而产生的，没有资源稀缺性就没有经济学研究的必要性。如在农业生产中，需要解决的主要经济问题是如何通过合理配置和利用土地、种子、机械设备、劳动力等稀缺资源，使之与自然界中的空气、阳光等自由物品相结合，生产出更多的产品，满足人类社会不断增长的物质和文化生活的需要。

（三）资源配置和资源利用

1. 资源配置问题

人类的欲望具有无限性和层次性，但在一定时期内人的欲望又具有相对固定性，而且有轻重缓急之分。在人的衣、食、住、行这些基本需要还没有满足的情况下，生理需要排在了首位，人们首先得满足自身生命的基本需要，此时其他的需要都退居次要地位。那么，在资源有限的条件下，如何用有限的物品和服务在有限的时间内去满足最重要最迫切的欲望呢？怎样使用有限的相对稀缺的生产资源来满足无限多样化的需要问题，这是一个经济问题，要求人们必须对如何使用稀缺资源做出选择。所谓选择，就是如何利用既定的有限的资源去生产尽可能多的经济物品，以便最大限度地满足自身的各种需求。

选择是经济学中首先要解决的问题，它涉及机会成本和资源配置问题。机会成本是做出一项决策时所放弃的另外多项选择中的潜在收益最高的那一项目的潜在收益。机会成本是经济活动中人们面临权衡取舍时的基本准则，也是一种经济思维方式。

由于一种资源有多种用途，如钢铁，可以制造飞机、轮船、大炮等，这就需要选择。选择包括以下三个相关的问题：①生产什么，生产多少。在现有的技术水平条件下，现有的资源能够生产什么物品，如果生产这种物品，那么生产多少？如一吨钢铁是用来生产汽车，还是飞机？若生产飞机，生产多少最好？"生产什么，生产多少"是要解决在现有资源和技术水平条件下如何来组织生产，既不会造成资源的浪费，也不会造成商品和服务供给不足。"生产什么"实质上取决于市场价格，而"生产多少"实质上是由消费者需求决定的。②怎样生产。就是选择什么方法来进行生产。生产方法实际就是各种生产要素进行组合的方法，如蔬菜，是用大棚进行生产，还是采用传统的方法进行生产？工业中是采用资本密集型生产，还是资金、技术密集型生产等，这都要做出选择。不同的生产方法可以达到相同的产量，但其付出的成本费用却差别很大，从而形成了不同的经济效益。"怎样生产"的问题是由经济学中的厂商行为理论来解决的。③为谁生产。这是分配问题，即生产出来的产品按照什么原则来分配，分配给谁？"为谁生产"是由经济学中的分配理论来解决的，是经济学中同生产关系和社会制度相联系最密切的内容，具有社会属性。

由于资源的稀缺性和欲望的无限性是人类社会的基本矛盾，所以，如何解决这个矛盾就成为经济学研究的主要问题，也是经济学中经常说的资源配置问题。

生产什么和生产多少、怎样生产、为谁生产是人类社会必须解决的基本问题，被称为资源配置问题。

2. 资源利用问题

在一个社会资源既定和生产技术水平不变的情况下，人类的生产情况有三种：第一种情况是现实生活中稀缺的资源和经济物品没有得到合理的利用，存在着资源浪费现象；第二种情况是稀缺的资源和经济物品得到了合理的利用；第三种情况是在现有的资源和技术水平条件下，既定的稀缺资源得到了充分利用，有了更大的产量，这是人类欲望无限性决定的。这样在资源配置既定的前提下，又引申出了资源利用问题。

资源利用就是人类社会如何更好地利用现有的稀缺资源，使之生产出更多的经济物品和服务。资源利用包括以下三个相关的问题：①为什么稀缺的资源得不到充分利用？这就是经济中的"充分就业"问题。②在资源既定的情况下，为什么产量有时高有时低？这就是经济中的"经济周期"问题。同时，如何用既定的稀缺资源生产出更多的产品，即实现经济的持续增长，这就是经济中的"经济增长"问题。③在以货币为媒介的商品社会里，货币购买力的变动对资源的使用和商品的购买影响很大，这就是经济中的"通货膨胀或通货紧缩"问题。

3. 经济制度

资源配置和利用的运行机制就是经济制度。当前世界上解决资源配置与资源利用的经济制度基本有以下三种：

（1）计划经济制度

生产资料国家所有，靠政府的指令性计划或指导性计划来做出有关生产和分配的所有重大决策，即通过中央的指令性计划或指导性计划来决定生产什么，如何生产和为谁生产。政府像管理一个大公司那样管理一个国家的经济运行，这是20世纪国外所采取的经济制度。在生产力不发达的情况下，计划经济有其必然性和优越性，可以集中有限的资源实现既定的经济发展目标。但在生产力越来越发达以后，管理就会出现困难，漏洞也越来越多，计划经济就无法有效地进行资源配置了。计划经济是政府通过它的资源所有权和实施经济政策的权力来解决基本的经济问题。按劳分配是计划经济制度条件下个人消费品分配的基本原则，是计划经济制度在分配领域的实现形式。

（2）市场经济制度

市场经济是一种主要由个人和私人企业决定生产和消费的经济制度。市场经济体制包含价格、市场、盈亏、激励等一整套机制，通过市场上价格的调节来决定生产什么、生产多少，如何生产和为谁生产。厂商生产什么产品取决于消费者的需求，如消费者喜欢动作片，好莱坞就要不停地拍摄类似的动作片。如何生产取决于不同生产者之间的竞争。在市场竞争中，生产成本低、效率高的生产方法必然取代成本高、效率低的生产方法。如日本的纺织工人每小时的工资在10美元以上，中国的纺织工人每月只有几百元人民币，在日本，纺织业应少雇用工人，实行资本技术密集型的生产方式，而中国则适宜采用劳动密集型的生产方式，这样才能实现成本最低。为谁生产是分配问题，市场经济中分配的原则是按劳动要素分配，是按照资金、技术、管理等进行的分配，目的是为了更好地促进生产力的进一步发展。市场经济的极端情况被称为自由放任经济，即政府不对经济决策施加任何影响。

市场经济的运转是靠市场价格机制的调节来实现的，从总体上看比计划经济效率高，更有利于经济发展。但市场经济也不是万能的，市场经济制度也存在着缺陷，也存在"市场失灵"的现象。

（3）混合经济制度

当今世界上没有任何一个经济完全属于上述两种极端之一，纯粹的计划经济和市场经济都各有其利弊，所以，现实中大都是一种混合的经济制度，总是以一种经济制度为主，以另一种经济制度为辅。所谓混合经济制度就是指市场经济与计划经济不同程度结合在一起的一种资源配置制度，它是既带有市场成分，又有指令或指导成分的经济制度。经济问题的解决既依赖于市场价格机制，又有政府的调控和管制，如对于垄断行为，政府就要干预。在现实中，许多国家的经济制度都是市场与计划不同程度结合的混合经济制度，如美国和中国都是混合经济制度，只不过美国的市场经济成分多一些，而中国的计划经济成分多一些。

二、管理

（一）管理的重要性

管理是促进现代社会文明发展的三大支柱之一，它与科学和技术三足鼎立。一位当代著名的管理学权威曾说过：管理是促成社会经济发展最基本的关键因素。发展中国家经济落后，关键是由于管理落后。国外的一些学者认为，19 世纪经济学家特别受欢迎，而 20 世纪 40 年代以后，则是管理人才的天下了。还有人指出，先进的科学技术与先进的管理是推动现代社会发展的"两个轮子"，二者缺一不可。这些都表明管理在现代社会中占有重要地位。

经济的发展，固然需要丰富的资源与先进的技术，但更重要的还是组织经济的能力，即管理能力。从这个意义上说，管理本身就是一种资源，作为"第三生产力"在社会各个领域中发挥作用。目前，在研究国与国之间的差距时，人们已把着眼点从"技术差距"转到"管理差距"上来。先进的技术，要有先进的管理与之相适应，否则就不能使先进的技术得到充分发挥。管理在现代社会发展中起着极为重要的作用。

（二）管理的概念

管理的概念从不同的角度和背景，可以有不同的解释。管理的定义是组成管理学理论的基本内容，明晰管理的定义也是理解管理问题和研究管理学最起码的要求。从字面上来看，管理可以简单地理解为"管辖"和"处理"，即对一定范围内的人员及事物进行安排和处理。从词义上，管理通常被解释为主持或负责某项工作。人们在日常生活上对管理的理解也是这样，也是在这个意义上去应用管理这个词。自从有集体协作劳动，就开始有了管理活动。在漫长而重复的管理活动中，管理思想逐步形成。

由于管理概念本身具有多义性，它不仅有广义和狭义的区分，而且还因时代、社会制度和专业的不同，产生不同的解释和理解。随着生产方式社会化程度的提高和人类认识领域的拓展，人们对管理现象的认识和理解的差别还会更为明显。长期以来，许多中外学者从不同的研究角度出发，对管理做出了不同的解释，然而，不同学者在研究管理时出发点不同，因此，对管理一词所下的定义也就不同。直到目前为止，管理还没有一个统一的定义。特别是 20 世纪以来，各种不同的管理学派，由于理论观点的不同，对管理概念的解释更是众说纷纭。

（三）管理的职能

1. 计划职能

计划就是根据组织内外部环境的要求，来确定组织未来发展目标以及实现目标的方式。计划职能是指对未来的活动进行规定和安排，是管理的首要职能。在工作实施之前，预先拟定出具体内容和步骤，它包括预测分析环境、制定决策和编制行动方案，可以分为制订计划、执行计划和检查计划三个步骤。

2. 组织职能

组织是指为了实现既定的目标，按一定规则和程序而设置的多层次岗位及其有相应人员隶属关系的权责角色结构。组织职能是指为达到组织目标，对所必需的各种业务活动进行组合分类，授予各类业务主管人员必要职权，规定上下左右的协调关系。组织职能包括设置必要的机构，确定各种职能机构的职责范围，合理地选择和配备人员，规定各级领导的权力和责任，制定各项规章制度等。在组织职能中要处理好管理层次与管理宽度（直接管辖下属的人数）的关系，还应处理好正式组织与非正式组织的关系。

3. 领导职能

领导职能主要指在组织目标、结构确定的情况下，管理者如何引导组织成员去达到组织目标。领导职能主要包括：激励下属；指导别人活动；选择沟通的渠道；解决成员的冲突等。

4. 控制职能

控制职能就是按既定的目标和标准，对组织的各种活动进行监督、检查，及时纠正执行偏差，使工作能按照计划进行，或适当调整计划以确保计划目标的实现。控制是重要的，因为任何组织、任何活动都需要控制，而控制是管理职能中最后的一环。

（四）管理的两重性

1. 自然属性

自然属性是管理与生产力、社会化大生产相联系而体现出的性质。由共同劳动的性质所决定，是合理组织生产力的一般职能。这是社会主义和资本主义都相同的，与生产关系、社会制度无关，是我国改革开放后要引进和学习的部分，这部分体现在管理理论、方法与技术方面，是管理学的共性。

2. 社会属性

社会属性是管理与生产关系、社会制度相联系而体现出的性质。由生产关系的性质和社会制度所决定，是维护和完善生产关系的职能，也是社会主义与资本主义的本质区别。

研究管理的两重性，一是有助于我们正确吸收和借鉴国外先进管理理论和管理方法；二是有助于总结和吸收我国古代管理思想的精华；三是有助于对中国当前管理实践的考察与研究。

（五）管理的属性

管理的属性是指管理既是科学也是艺术。没有管理艺术的管理科学是危险而无用的，没有管理科学的管理艺术则只是梦想。现在，人们都已承认管理既是科学，又是艺术，一个成功的管理者必须具备这两方面的知识。管理的知识体系是一门科学，有明确的概念、范畴和普遍原理、原则等。管理作为实践活动是一种艺术，是管理者在认识客观规律的基础上灵活处理问题的一种创新能力和技巧。管理是科学性和艺术性的统一。

首先，管理是一门科学，它是以反映管理客观规律的管理理论和方法为指导，有一套分析问题、解决问题的科学方法论。管理科学利用严格的方法来收集数据，并对数据进行分类和测量，建立一些假设，然后通过验证这些假设来探索未知的东西，所以说，管理是一门科学。管理是一门科学，要求人们在社会实践中必须遵循客观规律，运用管理原理与原则，在理论的指导下进行管理工作。管理已形成了一套较为完整的知识体系，完全具备科学的特点，反映了管理过程的客观规律性。如果不承认管理是一门科学，不按照经济规律办事，违反管理的原理与原则，就会遭到规律的惩罚。

其次，管理是一门艺术。管理是实践的艺术。艺术没有统一模式，没有最佳模式，必须因人而异，因事而异。管理者要搞好管理工作，必须努力学习科学管理知识，并用以指导管理工作，在实践中不断提高管理水平。管理，要靠好的理念来获胜，而不是靠鞭子和枷锁。要把重点放在整个组织的效能发展上，而不是个人权力的扩张和强化。管理是合理充分地运用一系列已有知识的一门艺术。管理是艺术的根本原因在于管理最终是管人，没有人就没有管理，但人不是标准统一的零件和机器，是有思维和感情的，管理必须因人、因事、因时、因地，灵活多变、创造性地去运用管理的技术与方法。世界上没有两个同样的人，世界上也没有两个同样的企业。因此，管理永远具有艺术性。

三、经济与管理的区别与联系

（一）经济与管理之间的联系

经济与管理是一对孪生兄弟，所有的经济活动中都含有管理活动，所有的管理活动都是在一定的经济规律指导下进行的。经济与管理都有自己的客观规律，与自然规律一样，在一定社会历史条件下的经济规律、管理规律，也具有自己的客观性。人们既不能消灭也不能创造与制定这些经济规律、管理规律，任何管理活动都必须遵循经济规律，按照经济规律的要求办事，否则我们的管理就要受到经济规律的惩罚。

1. 经济规律指导下的管理活动

管理和经济在现实中是不可分割的，不讲经济的管理与不讲管理的经济都是令人难以置信的。在我国早期历史上，经济是经邦济世、经国济民的意思，是讲如何理财和如何管理的社会活动，而在语言学中，经济一词的出现则是从古希腊"家庭管理"这个词演变而来的，在当时就是管理的意思。

（1）经济活动中的管理活动

任何一种经济活动都需要有人去管理，没有管理的经济活动是不存在的。第一，该书首先提出了经济管理的研究对象，是如何让优秀的主人管理好自己的财产，这是确定管理者的问题；第二，该书明确提出了管理的中心任务，是使原来的财富不断得到增值，这是管理目标问题，也是经济研究的核心问题；第三，提出对驯服的奴隶给予较好的待遇，认识到管理要因人而异，可以说这是以人为本管理思想的雏形；第四，首次分析了社会分工的重要作用，这是后来管理学上有关组织问题的萌芽。到了20世纪20—30年代，在管理理论大发展时期，管理理论广泛地吸收了经济学、人际关系学等方面的知识，从而产生了微观经济意义上的管理和宏观经济意义上的管理。

从某种意义上说，企业经营的状况和变化，都是经济规律制约下一定管理行为的结果。有什么样的管理，就会有什么样的经济状况；一定的经济状况，又反映了管理活动的相应水平，这是经济规律制约下管理活动的普遍规律。在社会主义市场经济条件下，微观经济意义上的厂商管理和家庭管理都是在追求利润或效用最大化，企业要按照自主经营、自负盈亏、依靠市场导向进行管理，这种管理水平则直接影响经济实体的经济效益、竞争力和兴衰存亡。宏观经济意义上的管理是指在自觉掌握和运用社会发展、经济发展客观规律的前提下，对整个社会以及国民经济的性质、任务、特点、条件等进行估量分析以及科学的预测，制定社会和国民经济的发展方针、计划、目标、政策和制度，确定其发展的根本原则和方法。宏观管理一般包括广义的社会管理、经济管理、信息与发展的管理以及对其各自领域的管理，对中观管理和微观管理起引导、指导和向导的作用。如果没有科学的宏观管理，整个经济环境不好，企业的经济活动也无法正常实施。宏观经济意义上的管理最主要体现在国民经济管理上，国民经济管理是广泛运用社会科学、自然科学、技术科学等多学科知识，研究宏观经济运行规律及其管理机制，它主要研究对国民经济进行科学的决策、规划、调控、监督和组织，以保证整个国民经济的有效运行，主要包括消费需求管理、投资需求管理、经济增长调控、产业结构转换与产业组织优化、区域经济管理、涉外经济管理、收入分配调控与社会保障等。

由此可见，在人类历史的长河中，管理活动和经济活动历来就像一对无法分离的亲兄弟，更明白地说，任何一种管理活动都是经济活动中的管理活动。

（2）管理活动中的经济规律

在现实经济生活中，任何管理活动都必须遵循客观的社会规律、经济规律和社会心理规律等，其中经济管理活动必须在经济规律指导下进行。经济规律是指在商品生产、服务和消费等过程中各种复杂的经济联系和现象的规律性。经济规律是经济现象和经济过程内在的、本质的、必然的联系和关系。比如供求规律，它就是指市场上的商品价格由商品供求状况来做出决定的规律，供求双方或其中任何一方的变动，都会引起商品价格的变动，这个规律是客观存在的。企业管理者在投资、生产、销售、定价等工作中，就必须掌握和应用经济规律，不能违背经济规律，因为经济规律是客观存在的，是不以人们的意志为转移的。尊重经济规律，是每一个管理工作者应有的科学态度，人们可以认识和利用经济规律，但不能无视经济规律，凡是不按照经济规律办事的做法，不管当时的动机如何，最终都不可避免地要受到经济规律的惩罚。在我国管理史上这样的教训是屡见不鲜的，教训是十分深刻的。

2. 利润最大化（或效用最大化）目标下的管理活动

（1）利润最大化目标下的企业管理活动

企业是经济研究的对象，也是管理研究的对象，企业是营利性的经济组织，实现利润最大化是每一个企业最重要的经营目标。利润最大化表现为成本既定情况下的产量最大，或产量既定情况下的成本最小。企业追求利润最大化是在管理科学、规范的条件下实现的，企业管理规范、科学，才能获得较高的利润，才能为消费者提供更多更好的商品，才能有能力研制新的产品，才能向国家提供更多的税金，才能使员工得到更多的收入，一句话，企业才有可能获得更好的发展，它是企业生存和进步的必要条件。因此，在环境、技术、设备、资金、主业情况基本相同的条件下，管理科学化是实现利润最大化的最重要条件，为此，企业在管理上要尽量做到以下三点：首先，扩大产品的市场需求量，努力提高产品的竞争能力。有需求才能有效生产，有生产才能有效益。其次，加强经济核算，努力降低生产成本。利润是收益与成本之差，成本越低，利润就越高。最后，大力发展生产，努力扩大经济规模。产品的生产规模对生产成本有很大的影响，只有在一定的经济规模下进行生产，才能实现既定产量下的成本最小。

（2）效用最大化目标下的个人管理活动

消费者每天都涉及管理问题，如一天中时间的管理与分配，手中的钱如何管理才能够升值，消费者每天都要就如何配置稀缺的钱和时间做出无数个抉择。当消费者平衡各种各样的需求与欲望时，就是在做出决定自己生活方式的各种选择、决策。消费者是在效用最大化的条件下来做出管理决策的，效用最大化是经济学研究的主要问题，也就是说个人是在效用最大化目标下从事个人的理财、时间管理等活动的。

3. 不同体制下的管理活动

资源配置和资源利用的运行机制就是经济制度。从历史的角度看，解决资源配置与资源利用的经济制度，先后有自给自足的自然经济制度、计划经济制度、市场经济制度和混合经济制度四种。任何一种社会经济制度都面临着如何把它既定的相对稀缺的生产资源有效率地分配使用于各种途径的问题，即"生产什么""如何生产"和"为谁生产"。如何配置和利用资源，在不同的经济制度下，有不同的管理方式。从人类发展的历史来看，主要有分散型管理、团队型管理和混合型管理三种。

从经济发展的历史来看，任何经济活动最初始的决策者都是单个的人，这些单个人对自己物品的管理以及单个人所从事的活动，都可以称为分散型管理。分散型管理的优点是管理主体能够对自己的劳动资源进行很好的控制；独立的决策权可以使决策主体的动力得到根本保障。但分散型管理的缺点是由于个人能力的限制，决策失误的概率较大；分散型管理势必会加大交易费用，使决策成本增高。

团队型管理是对资源进行配置的另一种极端方式，即"生产什么""如何生产"和"为谁生产"的问题全部由团队讨论决定。相比分散型管理来说，团队型管理可以集思广益，汇总到个人无法比拟的丰富信息，使决策建立在信息准确和全面的基础上；团队型管理可以充分发扬民主，避免个人的主观片面性。但团队型管理的时效差，反复磋商讨论会延误决策时机；团队型管理的人员多，管理成本必然高；团队型管理往往会导致无人负责或推卸责任的情况发生。

在现实生活中，经常见到的是分散型管理与团队型管理相结合的混合型管理。在企业生产经营中，决策权、人权、财权、最终决定权往往要采取团队型管理，而一些执行权、业务权等往往采取分散型管理。

4. 管理与经济效益

经济利益是企业和员工发展的共同动力，经济效益又是检验企业管理绩效的重要指标，如何使两者得到兼顾与协调，是经济管理中一个重要问题。

（1）管理与利益驱动

经济利益是物质的统称，是指在一定社会经济形式下，人们为了满足需要所获得的社会劳动成果。经济利益是经济关系的表现，是人们从事生产和其他一切社会活动在物质方面的动因，从根本上说，人们为了获得自己生存需要的物质文化生活资料，即物质利益，必须进行管理活动，有效地管理才能实现社会经济利益。在追求自身的物质利益，实现个人利益的过程中，一个人的管理能力起到主要作用，而个人的素质、敬业也是首要条件。个人利益与社会利益在许多情况下是一致的，但有时又是不一致的。当需要人们的个人利益服从社会利益的时候，或者说需要管理者能够自觉地以社会利益去约束自己个人利益的时候，管理者的素质高低将起到关键作用。加强管理者素质教育与培养，并非无视人的个人利益，而是使管理者能够懂得利用人们的利益驱动来进行管理，实现个人利益和社会利益的统一。

（2）管理与经济效益

经济效益是指经济活动中劳动占用、劳动耗费与劳动成果之间的对比关系。经济效益的高低与管理有很大关系。企业中管理规范，就会在生产同等成果的条件下，减少生产中的劳动占用和劳动耗费；或在劳动占用和劳动耗费相同的条件下，多生产一些劳动成果。劳动占用或劳动耗费与经济效益两者之间成反比的关系，一定的劳动占用或劳动耗费所获得劳动成果越多，经济效益就越好；反之，经济效益则越差。经济效益的高低是管理水平的标志。经济效益是衡量企业管理水平高低的重要标志，凡是那些能从市场需求状况出发，并努力采用新技术，不断降低成本，不断完善企业管理和提高管理水平的企业，一般都会产生好的经济效益。

（二）管理与领导的联系与区别

1. 领导与管理的联系

对于领导与管理之间的关系，目前管理学界普遍认为领导是管理的一项职能，领导是从管理中分化出来的相对独立的组织行为，各自具有不同的功能和特点。也有的观点认为管理是领导的一项职能，凡是领导都要管理，只不过是管理人还是管理物、信息等，即一个负责人既要从事领导工作，也要承担管理工作。一个组织的负责人管理人时，管理者就是领导；管理物时，负责人就是管理者。还有一种观点认为领导就是管理，而管理不一定是领导。从以上观点来看，不管哪种观点，都说明了领导与管理之间关系密切，说明领导和管理在社会活动的实践以及社会科学的理论方面，都具有较强的互补性、相容性和复合性。

2. 领导与管理的区别

领导与管理之间虽然联系紧密，但二者之间存在着本质的差别，而且随着社会化程度的提高，这种差别将会愈来愈突出。

（1）含义不同

领导是率领并引导某个组织朝一定方向前进，一般包括引导、导向、带领、率领和指挥等含义；管理是负责并促使某项工作顺利进行，一般包括管辖、处理、约束、运用和安排等含义。

（2）任务不同

领导的主要任务是给组织指引前进方向，为组织确定奋斗的目标；一个组织如果没有奋斗的目标和前进的方向，其一切行为就会成为无源之水、无本之木，都将失去意义；管理的任务在于贯彻落实领导提出的路线、方针和政策，促使目标的实现，推动组织向既定的方向迈进。一个组织如果缺乏强有力的管理，一切目标和指向都将成为空洞的口号。

（3）对象不同

管理的对象主要是事，虽然也包括人，但多为物、财、信息及管理系统，通过制定各种规章制度、作业手册等来保证管理对象的正常运转；而领导的对象主要是人及其组织：通过调动下属的热情和积极性，激发下属的潜在需求、价值观和情感，实现组织的目标。

（4）作用不同

领导的作用主要是统率和协调全局性的工作，为了有效地指挥一个部门、一个组织的全局活动，领导者要经常协调和解决下属各部门之间的分歧和摩擦，使整个组织和谐发展。管理的作用主要是做好领导安排的局部范围或某一方面工作，管理者经常要处理好具体部门的业务工作，如质量管理、生产过程控制、产品分析等。领导追求的是整个组织乃至整个社会效益，管理侧重于追求某项工作的效益。

（5）途径不同

领导通过决策为组织指明方向，并通过激励促使下属沿着正确方向前进，克服前进中的困难；管理则通过强制的办法将人们置于正确的方向并实现对其控制。领导通过满足人们的基本需要，激励他们实现问题的有效解决，管理则通过各种制度约束来促使问题的解决。

（6）工作重点不同

领导着重于分析研究和解决本部门与外界相关的重大、长期和广泛的问题；管理工作则注重于解决部门内的一些非重大、短期、策略性和技术性的具体问题。如省、市领导主要是落实中央、国务院制定的方针政策和省委的决定，考虑直属下级的机构设置和重大人事任免，处理影响全面工作的重大问题等。下属部门的日常工作，均属下级管理活动的范围，领导者不应过多干预。

（7）时空观不同

领导者着眼于长远，其所确定的目标多在3~5年甚至更长，因为领导者所研究的目标都是一个组织或部门的重要目标，没有足够的时间是无法完成的；管理者在计划和预算中只注重几个月多则一两年，因为管理者要通过完成一个又一个短期目标来支撑领导提出的中长期目标。同时，由于领导要统率全局，因此更加注重系统性问题、宏观性问题和外部联系性问题，而管理则注重于微观问题和细节问题。

（8）风险意识不同

一般而言，领导者经常追求有风险甚至危险的工作，越是机会诱人，冒险工作的决心就越大，他希望通过有挑战性的努力获取更大的效益；管理者更加看重秩序，会本能地回避风险或想方设法排除风险。领导的职责不是维持现状而是推进组织变革，千百年来多少领袖人物概莫能外，有的轰轰烈烈，有的循序渐进，虽然方式不同，但任务都是要确定一个目标，然后带领一批人历尽千辛万苦向这一目标迈进；管理者则更加强调维持秩序，因而更习惯于限制，习惯于恪守长期形成的管理原则和制度，因为没有规矩就没有方圆，不积跬步无以至千里，因此，他们总是小心地看待变革，谨慎地对待风险。

（9）用人方略不同

领导者择人的标准是适应，即适应确定岗位的各方面要求，要能统领他所要负责的部门或组织；管理者择人的标准是专业化，选择经过专业培训的人来担任各项工作，这样他的工作才能有条不紊，才能更加周密细致。在人员使用上，领导者注重目标激励，注重通过沟通和激励来调动人的积极性，对有问题的人员注重教育；管理者则注重执行政策，强调员工的服从性，强调通过组织的力量来完成目标，对有问题的员工则注重纪律处分。

（10）处理问题的方法不同

领导者主要处理变化性问题，通过开发未来前景而确定前进方向，然后把这种前景与组织中的其他员工进行交流，并通过授权、扩展的激励手断，不时创造一些惊喜来鼓舞他们克服困难达到既定目标；管理者主要处理复杂性问题，常常侧重于抑制、控制和预见性，通过制订规划、设计规范的组织结构以及监督计划实施的结果达到有序的状态。对待长期性问题，领导者力图拓展新的思路启发人们新的选择空间；管理者总是习惯于限制性选择，难以给人们提供想象发挥空间。

（11）情感表现不同

在与他人的关系中，领导者关心的是事情以及决策对参加者意味着什么；管理者关心的是事情该怎样进行下去，因而在工作中和与人交往中领导者与管理者的情感表现是不同的。领导者常常对工作、对人充满热情和感召力，使用的语言常富有感情色彩，会用极大的热情去描绘未来前景，以唤醒人们强烈的情感，自我超越的欲望推动着他们去不断争取心理和社会的变革。他会给组织带来紧张和不安分，因而常常产生意想不到的收获。管理者无论对待工作还是对待他人都较少情绪化，缺乏一种凭直觉感受他人情感和思想的能力，在与他人的相处中，一方面也努力寻求合作，另一方面却又不愿过多投入情感，从而显得缺乏热情和活力，对所处的环境有归属感，认为自己是现有秩序的维护者和监管者，社会赋予了他们指导组织以及平衡现有社会关系的管理能力。

（12）素质要求不同

有人把领导与管理比喻为思想和行为，从某种程度上说明领导者和管理者的素质要求是不同的。如果说管理者是有效地把事情做好，那么领导者则要确定管理者所做的事情是否正确。管理行为的从业人员强调专业化，领导行为的从业人员注重于综合素质和整体能力。因此，领导者必须站得更高看得更远，必须能为组织指明前进的方向并告知奋斗目标，必须以敏锐的眼光和超常的智慧寻找到发展的机遇，判定风险所带来的效益。领导者必须投入极大的工作热情才能带动群众工作的热情。管理者是问题的解决者，管理不需要天才也不需要英雄主义，但是要有坚持不懈、持之以恒、勤奋工作的思想品质，有分析能力和忍耐力，特别是忍耐能力对一个优秀的管理者而言是十分重要的。

由此可见，领导与管理的区别是深刻而广泛的，领导具有务虚性，注重目标和方向；管理具有务实性，注重贯彻和落实。领导具有全局性，注重整个组织和社会的利益；管理具有局部性，注重某一局部和某项工作的利益。领导具有超脱性，不管具体事务；管理具有操作性，必须事无巨细。领导具有战略性，注重组织长期和宏观的目标；管理具有战术性，注重短期内的和具体的任务的完成。领导的功能是推进变革，管理的功能维持秩序。领导善于激发下属创新，管理者习惯告诉下属按部就班。领导者具有较大的可变性，乐于追求风险和变革，管理者具有较强的预测性，往往回避风险。领导具有超前性，管理具有当前性。领导者富于感情，管理者注重平衡。领导者善于授权和扩张，管理者乐于限定和控制。领导者善于思考并产生新的思想，管理者善于行动并进行新的验证性实践。

（三） 管理与经营的关系

经营是商品经济所特有的范畴，是商品生产者的职能。企业经营是指在企业活动过程中，为实现企业目标所进行的一系列筹划活动。如企业对市场的选择，对产品的选择，对材料和设备的选择，以及对消费者、市场行情的研究，对竞争者的研究等，都属于经营活动。要把一个企业办好，除了要做好生产过程组织、质量管理、人力资源开发与管理、企业设备管理、管理信息系统等生产管理工作外，还要根据企业内部和外部的实际情况，对企业的发展方向、奋斗目标等做好企业战略环境分析、企业内部战略要素分析、企业经营战略分析、企业战略的选择与评估，把研究结果变成科学的决策和实际行动，尽量获得更大的经济效益，这些就是企业的经营。所以，经营是指个人或团体为了实现某些特定的目的，运用经营权使某些物质（有形和无形的）发生运动从而获得某种结果的人类最基本的活动。

经营与管理之间的联系是：经营和管理是企业的重要环节，一般将营销和生产称作经营，而其他部分的内容称为管理。企业运营都会包括经营和管理这两个主要环节，经营是指企业进行市场活动的行为，而管理是理顺工作流程、发现问题的行为。经营与管理是相互渗透的，经营中的科学决策过程便是管理的渗透，而管理中一些观念也是经营意识的体现。

经营与管理的主要区别在于：从它们的产生过程来看，管理是劳动社会化的产物，而经营则是商品经济的产物；从它们的应用范围来看，管理适用于一切组织，而经营则只适用于企业；从它们要达到的目的来看，管理旨在提高组织效率，要节流，要控制成本，而经营则以提高经济效益为目标，要开源，要赚钱；从二者的关注点来看，经营是对外的，追求从企业外部获取资源和建立影响；管理是对内的，强调对内部资源的整合和建立秩序；经营是扩张性的，要积极进取，抓住机会，胆子要大；管理是收敛性的，要谨慎稳妥，要评估和控制风险；从二者的地位来看，经营是龙头，管理是基础，管理必须为经营服务。企业要做大做强，必须首先关注经营，研究市场和客户，并为目标客户提供有针对性的产品和服务；然后企业的各项管理必须跟上，只有管理跟上了，经营才可能有保障，才可能不断提高经营水平，经营水平提高后，又会对管理水平提出更高的要求；从两者的内容构成看，管理是经营的一部分。企业经营包括以下几个方面：技术活动（生产、制造、加工）；商业活动（购买、销售、交换）；财务活动（筹集和最适当地利用资本）；安全活动（保护财产和人员）；会计活动（财产清点、资产负债表、成本、统计等）；管理活动（计划、组织、指挥、协调和控制）。从这里不难看出经营是企业为实现这一基本目的的全部经济活动。从企业的角度看，管理不包括经营，而经营包括管理。企业经营比企业管理范围更广、内容更复杂，层次也更高。

经营与管理是相互依赖，密不可分的。一方面，忽视管理的经营是不能长久，不能持续的，挣回来多少钱，又会浪费掉多少钱；另一方面，忽视经营的管理是没有活力的，是僵化的，为了管理而管理，为了控制而控制，只会把企业管死。

第二节 经济管理研究的内容

一、经济学研究的基本内容

（一）微观经济学

1. 微观经济学的含义

微观经济学是以资源利用为前提，以单个经济单位为研究对象，通过研究单个经济单位的经济行为和相应的经济变量单项数值的决定来说明价格机制如何解决社会的资源配置问题。

2. 微观经济学的特点

微观经济学的核心问题是价格机制如何解决资源配置问题，在理解微观经济学时要注意以下四个特点：

（1）研究的对象是居民与厂商的经济行为

微观经济学研究的对象主体是居民与厂商。居民又称为居民户或家庭，是经济活动中的消费者，同时也是劳动力、资本等要素的提供者。在微观经济学中，假设居民户经济行为的目标是追求效用最大化，即研究居民户在收入既定的条件下，把有限的收入用于购买什么商品，购买多少商品才能实现满足程度的最大化。厂商又称企业，是经济活动中的生产者，同时也是劳动力、资本等要素的消费者。微观经济学中，假设厂商经济行为的目标是追求利润最大化，即研究厂商在成本费用既定的条件下，如何实现产量最大化，或在产量既定的条件下，如何实现成本最小化。

（2）解决的问题是资源配置

微观经济学以资源利用为前提条件，来研究居民户和厂商的资源配置问题，从而使资源配置达到最优化，给社会带来最大的福利。

（3）中心理论是价格理论

在市场经济中，价格是一只"看不见的手"，它始终在引导和支配着居民户和厂商的经济行为，"生产什么""如何生产"和"为谁生产"都由市场中的价格来决定。价格像一只看不见的手，调节着整个社会的资源配置，从而使社会资源的配置达到最优化。价格理论是微观经济学的核心内容，决定价格水平的是需求和供给两个因素，需求是消费者行为理论研究的，供给是厂商行为理论研究的，二者就像剪刀的两个刀片共同决定了支点，即均衡价格。

（4）研究方法是个量分析

微观经济学研究的都是某种商品的产量、价格等个量的决定、变动和相互间的关系，而不涉及总量的研究。

3. 微观经济学的三个基本假定

任何一个理论的成立都是有一定前提条件的。微观经济学理论也是以一定的假设作为前提条件的。在微观经济学理论的众多假设条件中，完全理性、市场出清和完全信息是最基本的假设条件。

（1）完全理性

微观经济学假设居民户和厂商的经济行为是理性的，消费者花费一定的收入进行消费，使自己获得最大的满足，即追求效用最大化；厂商追求利润最大化。在微观经济学中，居民户和厂商的个体最优化行为起着关键的作用，正因为每个消费者和厂商的行为都是最优的，所以，价格的调节才能使整个社会的资源配置实现最优化，完全理性的价格调节是整个社会的资源配置实现最优化的前提。经济学认为，人都是自私的，首先要考虑自己的经济利益，在做出一项经济决策时，要对各种方案进行比较，选择一个花费最少、获利最多的方案。这样的人就是"经济人"，其行为是有理性的经济行为。理性的经济行为也可以表述为最优化的行为。

（2）市场出清

商品价格具有充分的灵活性，使市场的需求与供给迅速得到平衡，可以实现资源的充分利用，不存在资源闲置或浪费。也就是在价格可以自由而迅速地升降的条件下，市场一定会实现充分就业的供求平衡状态。

（3）完全信息

完全信息是指消费者和厂商可以免费、迅速、全面地获得各种市场信息，消费者和厂商只有具备完备而迅速的市场信息才能及时对价格信号做出反应，以实现其行为的最优化。比如，对于消费者来说，完全信息是指消费者完全了解想购买商品的价格、性能、使用后自己的满足程度等。

假设在现实中并非完全符合实际，是不是说假设就没有意义呢？并非如此，经济分析做出假定，是为了在影响人们经济行为的众多因素中，抽出主要的、基本的因素，在此基础上，可以提出一些重要的理论来指导实践。假设是理论形成的前提和条件，但假设在大体上不违反实际情况。

4. 微观经济学的内容

（1）价格理论

价格理论，也称为均衡价格理论，主要研究商品的价格是如何决定的以及价格如何调节整个经济的运行。

（2）消费者行为理论

研究消费者如何把有限的收入分配到各种物品和服务的消费上，以实现效用的最大化。解决生产什么和生产多少的问题。

（3）厂商行为理论

厂商行为理论，也叫生产者行为理论，研究厂商如何把有限的稀缺资源用于各种物品或服务的生产上，从而实现利润最大化。厂商行为理论包括生产理论（研究资源要素与产量之间关系）、成本收益理论（研究成本与收益之间关系）和市场结构理论（研究不同的市场结构条件下，厂商产量和利润的决定）。

（4）收入分配理论

研究生产出来的产品按照什么原则来分配，也就是研究生产要素的报酬是如何决定的，即工资、利息、地租和利润是如何决定的，解决为谁生产的问题。

（5）市场失灵与政府干预

市场机制不是万能的，主要研究市场失灵产生的原因、解决办法以及政府干预的必要性。

（二）宏观经济学

1. 宏观经济学的含义

宏观经济学是以资源配置为前提，以整个国民经济为研究对象，通过研究经济中总体问题以及各有关经济总量的决定及其变化，来说明社会资源如何才能够得到充分利用。总体问题包括失业、通货膨胀、经济波动、经济增长等，经济总量包括国民收入、失业率、物价水平、经济增长率、利息率等的变动。

2. 宏观经济学的特点

在理解宏观经济学定义时，要注意以下各个特点：

（1）研究的对象是整个国民经济

宏观经济学研究的是整个国民经济的运行方式和规律，从总体上来分析经济问题。它不研究经济中的单个主体，即居民户和厂商的行为，而是研究由居民户和厂商组成的整体。

（2）解决的问题是资源利用

宏观经济学以资源配置为前提条件来研究资源是充分利用了还是闲置了、通货膨胀对购买力产生的影响、经济增长的途径等宏观经济问题。

（3）中心理论是国民收入理论

宏观经济学以国民收入的决定为中心来研究资源利用问题，从而分析整个国民经济的运行。宏观经济学就是运用国民收入理论来解释失业、通货膨胀、经济周期、经济增长和宏观经济政策等。

（4）研究方法是总量分析

宏观经济学研究个量的总和与平均量的决定、变动及其相互关系，并通过这些总量的变动来分析说明国民经济的运行状况以及宏观经济政策的决定理由。

3. 宏观经济学的基本假定

（1）市场失灵

市场机制发挥作用的前提是完全竞争的市场结构，但在现实生活中由于公共物品、外部性、垄断和信息不对称等的存在导致市场机制无法达到最优的资源配置。这种假定是政府干预经济的前提。

（2）政府有能力调节经济，纠正市场经济的缺陷

市场失灵只是为政府干预经济提供了前提，但政府究竟能不能解决市场失灵问题，还得看政府有没有这个能力。宏观经济学假设政府有能力调节经济，有能力纠正市场经济的缺陷，并能达到最优化的资源配置。

4. 宏观经济学的内容

（1）国民收入理论

国民收入是衡量资源利用情况和整个国民经济运行情况的基本指标。国民收入理论就是从总供给和总需求的角度来分析国民收入的决定及其变动，它包括国民收入核算体系和国民收入决定理论，是宏观经济学的中心。

（2）失业和通货膨胀理论

宏观经济学从有效需求不足的角度来分析失业，并且把失业与通货膨胀理论联系起来，分析二者的原因、相互关系以及解决途径。

（3）经济周期与经济增长理论

经济周期理论是研究国民收入的短期波动，而经济增长理论则是研究国民收入的长期增长趋势。

（4）宏观经济政策理论

宏观经济政策是国家干预经济的具体措施，主要包括政策目标、政策工具和政策效应。

（三）微观经济学与宏观经济学的关系

微观经济学是研究经济中居民户和厂商的经济行为，宏观经济学是研究经济运行中的总量，二者之间在研究的对象、解决的问题、中心理论和研究方法上不同。尽管微观经济学与宏观经济学有以上不同，但作为经济学的两个组成部分，它们之间并不是互相割裂，而是相互关联、互为前提、彼此补充的两个分支学科。

第一，微观经济学与宏观经济学是互相补充的。经济学的目标是要实现社会经济福利的最大化，二者的最终目标都是通过对人们经济活动提供正确的指导，来实现资源的优化配置和有效利用，从而实现整个社会经济福利最大化。为了达到这一目的，既要实现资源的最优配置，又要实现资源的充分利用。微观经济学与宏观经济学分别解决资源配置与资源利用问题，正是从不同的角度来说明社会经济福利最大化的实现，所以，它们之间是相互补充的，而不是相互排斥或互不相关的。

第二，微观经济学与宏观经济学都采用了实证分析法，属于实证经济学。这就是说，它们都要说明经济现象本身的内在规律，即解决客观经济现象是什么的问题，而不涉及应该是什么的问题。经济学的科学化也就是经济学的实证化，努力使所研究的问题摆脱价值判断，只分析经济现象之间的联系，是微观经济学与宏观经济学共同的目的。所以，实证分析是微观经济学与宏观经济学的共同方法论。

第三，微观经济学与实证经济学都以市场经济制度为背景。不同的经济在不同的经济体制条件下运行，不同经济体制条件下的经济运行有不同的规律。经济学总是以一定的经济制度为背景的，经济学总离不开一定的经济制度。微观经济学与宏观经济学都是市场经济的经济学，分析市场经济条件下经济的运行规律与调控。市场经济体制是它们共同的背景，它们都是在假定市场经济为既定的前提下来分析经济问题的。所以，经济学并不适用于计划经济，也不完全适用于从计划经济体制向市场经济体制转化的转型经济。微观经济学与宏观经济学都以市场经济制度为背景，所以，在分析具体问题时，都把这一制度作为既定的条件。

第四，微观经济学是宏观经济学的基础，宏观经济学是微观经济学的自然扩展。整个经济状况是单个经济单位行为的总和，所以，分析单个经济单位（即居民户和厂商）行为的微观经济学就是分析整体经济的宏观经济学的基础。这一点已为所有经济学家所承认。但对于如何把微观经济学作为宏观经济学的基础，不同流派的经济学家则有不同的解释，至今也没有一致的认识。目前在宏观经济学中影响较大的理性预期学派主张从微观经济学的市场出清与完全理性假设出发来把微观经济学与宏观经济学统一起来，但也并没有完全成功。

二、管理学研究的基本内容

（一）管理学的研究对象

管理学研究的对象包括生产力、生产关系、上层建筑等三个方面。管理学研究的对象是揭示管理的客观规律性，即如何按照客观自然规律和经济规律的要求，合理组织生产力，不断完善生产关系，适时调整上层建筑以适应生产力的发展，并从管理中总结、归纳、抽象和概括出来的科学原理，它着重研究管理的客观规律和具有共性的基本理论。具体要研究以下三个方面：

1. 合理组织生产力

主要研究如何配置组织中的人力、财力、物力等各种资源，使各要素充分发挥作用，以实现组织目标和社会目标的相互统一。因此，怎样计划安排、合理组织以及协调、控制这些资源的使用以促进生产力的发展，就是管理学研究的主要问题。

2. 完善生产关系

主要是研究如何处理组织中人与人之间的相互关系，尤其是管理者与被管理者之间的矛盾关系问题；研究如何建立和完善组织机构设立、人员安排以及各种管理体制问题；研究如何激发组织内部成员的积极性和创造性，为实现组织目标而服务。

3. 适时调整上层建筑

主要是研究如何使组织内部环境与其外部环境相适应的问题；研究如何使组织的规章制度与社会的政治、经济、法律、道德等上层建筑保持一致的问题，建立适应市场经济发展的新秩序和规章制度，从而维持正常的生产关系，促进生产力的发展。

（二）管理学研究的内容

根据管理的性质和管理学的研究对象，管理学研究的主要内容包括以下几个方面：

1. 管理理论的产生和发展

管理理论与方法是一个历史的发展和演化的过程。管理理论和管理思想的形成与发展，反映了管理学从实践到理论的发展过程，研究其产生和发展是为了继往开来，继承发展和建设现代的管理理论。通过对管理理论的产生和发展的研究，可以更好地理解管理学的发展历程，有助于掌握管理的基本原理。

2. 现代管理的一般原理与原则

任何一门科学都有其基本的原理，管理学也不例外。管理的基本原理是指带有普遍性的、最基本的管理规律，是对管理的实质及其基本运动规律的表述。诸如决策的制定、计划的编制、组织的设计、过程的控制等，这些活动都有一个基本的原理和原则，是人们进行管理活动都必须遵循的基本原则。

3. 管理过程以及相应的职能

主要研究管理活动的过程和环节、管理工作的程序等问题。此外，还要研究管理活动的效益和效率与管理的职能之间的密切联系。管理职能主要是计划、组织、领导与控制，这是管理最基本的职能。

4. 管理者及其行为

管理者是管理活动的主体。管理活动成功与否，与管理者有着密切关系。管理者的素质高低、领导方式、领导行为、领导艺术和领导能力，对管理活动的成功起着决定性的作用。

5. 管理方法

管理方法是实现管理目标所不可缺少的，因而它是管理学研究的重要内容。管理的方法很多，如行政方法、经济方法、法律方法等。一般而言，凡是有助于管理目标实现的各种程序、手段、技术都可以归于管理方法的范畴，所以管理方法包括各种管理技术和手段。管理功能的发挥，管理目标的达到，都要运用各种有效的管理方法去实现。

6. 分类管理学理论与方法

管理学一方面是一门应用多学科的理论、方法、技术而形成的综合性交叉科学，另一方面又与实践活动紧密相连，这就造成管理学的内容十分庞杂，甚至一些长期研究管理学的学者也很难理清管理学的内容体系。当研究某个部门的管理活动时，往往有企业管理、科技管理、教育管理、卫生事业管理、国际贸易管理、公共行政管理等。

三、经济管理基础知识研究的内容

一是市场经济理论，主要了解市场经济、市场机制、市场体系和现代企业制度四个方面的内容；二是宏观经济分析，主要掌握宏观经济分析的各种指标、就业与失业、总需求与总供给、宏观经济政策分析；三是企业管理基础知识，主要了解现代企业经营管理、现代企业生产管理和现代企业战略管理的基础知识；四是市场营销基础知识，主要掌握分析市场营销机会、市场营销管理、制定营销策略等方面的能力；五是货币银行基础知识，主要掌握货币与货币制度、利息与利息率、金融市场与金融工具、金融机构体系以及货币供求与均衡等方面的知识；六是会计基础知识，主要掌握会计科目与账户、复式记账原理及其应用、工业企业主要经营过程的核算和成本计算、会计凭证与会计账簿、财产清查与财务会计报告等内容和方法；七是统计基础知识，主要掌握统计设计、统计调查、统计整理的方法和综合指标、统计指数的计算以及相关分析与回归分析。

第三节　经济管理研究的方法

一、研究经济管理的一般方法

（一）研究经济管理的方法论基础

研究经济管理的方法论基础是指，在研究经济和管理现象时是以辩证唯物主义和历史唯物主义为哲学基础，还是以唯心主义或机械唯物主义为哲学基础。唯心主义或机械唯物主义往往不能尊重客观事实和经济现象的本质联系，机械地套用某种原理和方法，对实际情况调查研究不深入，在认识上有主观片面性，往往违背经济管理规律和事物的客观规律来办事。辩证唯物主义和历史唯物主义尊重客观事实和经济现象的本质联系，能够实事求是地、从矛盾的发展变化中、从事物的相互联系中研究各种经济活动和各种经济关系，能够按照事物的客观规律来进行管理活动。这是研究经济管理问题的方法论基础，并不是把资产阶级和社会主义的经济管理对立起来。有些资产阶级经济管理的某些内容或经济管理规律、方法，由于尊重客观事实和经济现象的本质联系，也会不自觉地符合辩证唯物主义和历史唯物主义的方法论。而社会主义经济建设中某些经济管理内容和一些做法，由于对实际情况调查研究的不深入或认识上的主观片面，有时也会陷入教条主义，背离辩证唯物主义和历史唯物主义这一科学方法论。

（二）重视案例研究和分析

在研究经济管理现象中，要选择正反两方面的案例进行剖析、讨论。案例分析法是指通过对经济管理活动的典型案例进行全面分析，从而总结出理论、经验和规律。这一方法在国外一些国家的经济管理教学中广为采用，无论在理论上或实践上效果都很好。这不但能帮助我们理解经济管理的现象，启发学习经济管理的兴趣和智慧，而且有利于培养并提高自己分析和解决问题的能力。在研究经济管理案例时，要活学活用，不能不顾实践、地点和条件等因素的改变而死记硬背，生搬硬套，这样会给我们的经济管理工作造成巨大的损失。

（三）向经济工作者和管理者学习经济管理知识和能力

从事经济和管理工作是一项科学和艺术相统一的工作。成功的经济工作者和管理者都是活学活用经济学和管理学理论的艺术家。一切希望在经济管理实践中实现自身价值的人，都应该向第一线的经济工作者和管理者学习，包括他们成功的经验和失败的教训，从他们的智慧中汲取营养。

二、研究经济管理现象的具体方法

研究经济管理现象的具体方法是指在研究各种经济管理活动、各种经济关系、管理关系及其规律性时所采取的具体方法，如实证分析法和规范分析法、均衡分析法等，这些研究方法不同于现代经济管理中常用的经济方法、行政方法、法律方法和教育方法等。它们是研究经济现象和管理现象的方法，而不是经济管理实践中采用的方法，它们对于经济和管理的各门学科，也都具有普遍性。只是由于不同的学科在研究对象上有所差别，因而在运用这些研究方法时，也会有所侧重，有所不同。

（一）实证分析法和规范分析法

实证分析法和规范分析法之间的区别主要在于其方法论基础是感性认识论还是理性认识论。人们在研究经济和管理现象时，会有两种态度和方法：一种是只考察经济现象是什么，即经济现状如何，为何会如此，其发展趋势如何，至于这种经济管理现象好不好，该不该如此，则不做评价。这种研究方法称为实证分析法。另一种是对经济现状及变化做出好与不好的评价，或是该与不该的判断，这种研究方法被称为规范分析法。

1. 实证分析法

实证分析法撇开或回避一切价值判断（即判断某一经济事物是好是坏，对社会有无价值的判断，属于社会伦理学范畴，具有强烈的主观性与阶级性），在做出与经济管理行为有关的假定前提后，只研究现实经济管理事物运行的内在规律，并分析和预测这些内在规律下人们经济管理行为的效果。它力求说明"是什么"或"怎样"的问题，或回答如果做出某种选择，将会带来什么后果的问题，而不回答是否应该做出某种选择的问题。实证分析法研究的内容具有客观实在性，其结果可以用事实、证据或者从逻辑上加以证实或证伪，因此，实证分析的命题有正确和错误之分，其检验标准是客观事实，所以，实证研究的目的是了解经济和管理如何运行。从原则上说，实证分析法不涉及价值判断，旨在回答"是什么""能不能做到"之类的实证问题。

2. 规范分析法

规范分析法是以一定的价值判断为出发点，提出某些伦理信条和公平标准等作为分析处理经济和管理问题的标准，并研究如何才能符合这些标准，它力求回答"应该是什么"或"应该怎样"的问题，它涉及是非善恶、应该与否、合理与否的问题。由于这类问题涉及伦理、价值是非，所以只能靠政治辩论和决策来解决，而不能仅仅依靠经济和管理活动来解决。

3. 实证分析法和规范分析法的区别

实证分析法和规范分析法作为两种不同的经济管理分析方法，具有三个方面的区别：第一，有无价值判断。规范分析法是以一定的价值判断为基础的，而实证分析法则避开价值判断。第二，二者要解决的问题不同。规范分析法要解决"应该是什么"的问题，而实证分析法要解决"是什么"的问题。第三，内容是否具有客观性。规范分析法由于以一定价值判断为前提条件，不同的人得到的结论是不同的，而实证分析法的内容则具有客观性，可以用客观事实来检验其正误。

在分析经济管理现象时，实证分析法是主要的方法，当然规范分析法也是不可缺少的。二者是互相联系、互相补充的，规范分析要以实证分析为基础，而实证分析也离不开规范分析的指导。

（二）均衡分析法与边际分析法

均衡分析法与边际分析法是分析经济现象时最常采用的方法。

1. 均衡分析法

最早在经济学中使用均衡概念的是 19 世纪末的英国经济学家马歇尔。均衡分析法是分析各种经济变量之间的关系，说明均衡的实现及其变动，是经济理论研究的一种重要方法和必要抽象。均衡分析法又可以分为局部均衡分析与一般均衡分析。局部均衡分析是指在假定其他条件不变的条件下，考察单一商品市场均衡的建立与变动。一般均衡分析是指在充分考虑所有市场的相互关系的情况下，考察各个市场之间均衡的建立与变动状况。

2. 边际分析法

边际分析法是经济学的基本研究方法之一。在经济学中，边际是指每单位投入所引起的产出的变化，是增量的意思。边际分析法在经济学中有较多的应用，主要涉及边际成本和边际收益两个重要概念。边际成本是指每增加一个单位的产品所引起的成本增量；边际收益是指每增加一个单位的产品所带来的收益增量。厂商在判断一项经济活动的利弊时，不是依据它的全部成本，而是依据它所引起的边际收益与边际成本的比较。若前者大于后者，这项活动就对厂商有利，反之则不利。边际收益等于边际成本时，厂商的经济活动处于最优状态。

（三）静态分析法、比较静态分析法与动态分析法

1. 静态分析法

静态分析法是指分析某一时点上的经济管理现象，是一种横断面分析，完全抽象掉了时间因素和具体的变化过程，不涉及时间因素所引起的变动。如研究均衡价格时，不考虑时间、地点等因素，并假定影响均衡价格的其他因素，如消费者偏好、收入及相关商品的价格等静止不变，单纯分析该商品的均衡产量和均衡价格的决定。

2. 动态分析法

动态分析法是考虑了时间因素，把经济管理现象当作一个变化的过程，对从原有的状态过渡到新的状态的实际变化过程进行分析的方法，是一种时间序列分析。

3. 比较静态分析法

这是经济学中经常采用的分析方法，是指对个别经济现象的一次变动后，不对转变时间和变动过程本身进行分析，而只是对两个和两个以上的均衡位置进行比较的一种均衡分析方法。

（四）历史研究法和理论联系实际的方法

1. 历史研究法

就是对以往的经济、管理理论与方法以及实践进行研究，以便从中发现和概括出规律性的东西，做到"古为今用，洋为中用"。中华民族是一个具有悠久历史的伟大民族，我国历史上的经济思想、管理思想和一些经济管理经验为世界所瞩目。这些思想与经验有待于我们去总结和发扬。

2. 理论联系实际的方法

理论联系实际的方法有两个方面：一是把已有的经济管理理论与方法运用到实践中去，通过实践来检验这些理论与方法的正确性与可行性；二是通过经济和管理实践和试验，把实践经验加以概括和总结，使之上升为理论，去补充和修正原有的经济和管理理论。

（五）调查研究法、试验研究法和比较研究法

1. 调查研究法

经济和管理的理论和方法来自实践。调查研究是市场经济条件下进行经济管理活动的一个最基本要求，是收集第一手材料的好办法。通过调查才能掌握全面的真实材料，才能弄清经济和管理中的经验、问题、发展趋势，并从大量事实中概括出规律性的东西，作为理论的依据。

2. 试验研究法

这也是一种常用的研究方法，是在一定的环境条件下，经过严格的设计和组织，对研究对象进行某些试验考察，从而揭示出经济管理的规律、原则和方法。试验研究法是一种有目的、有约束条件的研究方法，应事先做好计划和安排，方能收到良好效果。

3. 比较研究方法

比较研究法是研究经济管理的一个重要方法，是当今比较经济体制学、比较管理学等学科产生与发展的一个基础。通过历史的纵向比较和各个国家的横向比较，寻其异同，权衡优劣，取长补短，以探索经济管理发展的规律。这一方法为当今世界经济管理科学的发展和先进的经济管理经验、方法、理论的传播发挥着巨大的作用，推动了经济管理科学和实践的迅速发展。

（六）定性分析法和定量分析法

1. 定性分析法

定性分析法亦称非数量分析法，是一种在没有或不具备完整的历史资料和数据的情况下所采用的一种分析方法，主要依靠预测人员的丰富实践经验以及主观的判断和分析能力，推断出事物的性质和发展趋势，属于预测分析的一种基本方法，如专家意见法、德尔菲法等。

2. 定量分析法

任何事物（包括经济现象和管理现象），不仅有其质的规定性，还有其量的规定性，量的变化突破了一定的临界点之后，就会引起质的变化。现代经济和管理离不开数量分析的方法，数量分析以及各种数学模型成为当今主要的分析方法。在研究经济管理问题时，应尽可能地进行定量分析。一门科学只有同数学相结合，才能成为较完善的精确科学。

第二章　市场经济分析

第一节　市场经济

一、市场经济概念、特征及缺陷

（一）市场的定义和功能

1. 市场的定义

市场属于商品经济范畴，是随着商品经济的出现、发展而产生和发展的。哪里有商品生产，哪里就有市场。早期时，人们认为狭义的市场是进行商品和劳务交换的场所，广义的市场是指一定经济范围内商品交换中供给和需求的关系，即一定时间、地点条件下商品交换关系的总和。市场营销学认为市场是指某种产品的现实购买者与潜在购买者需求的总和。站在销售者市场营销的立场上，同行供给者即其他销售者都是竞争者，而不是市场。销售者构成行业，购买者构成市场。市场包含三个主要因素，即某种需要的人、为满足这种需要的购买能力和购买欲望。市场的这三个要素是相互制约、缺一不可的，只有三者结合起来才能构成现实的市场。

从经济学的角度看，市场是一个复合概念。市场是商品经济运行的载体或现实表现。此定义包含了四层相互联系的含义：一是商品交换场所和领域；二是商品生产者和商品消费者之间各种经济关系的汇合和总和；三是有购买力的需求；四是现实顾客和潜在顾客。劳动分工使人们各自的产品互相成为商品，互相成为等价物，使人们互相成为市场；社会分工越细，商品经济越发达，市场的范围和容量就越扩大。经济学家根据市场上商品生产者的多少以及所生产商品的相似性把市场分为完全竞争市场、完全垄断市场、寡头垄断市场和垄断竞争市场四种基本状态。

2. 市场的功能

市场是社会分工和商品经济发展的必然产物，市场在其产生和发展过程中发挥着巨大的功能和作用。市场的功能是指商品在生产领域转移到消费领域的过程中，市场作为一种配置资源的组织结构所发挥的功能。市场的一般功能主要有三个：一是交换的功能，主要是购、销两个方面的功能。交换是市场的基本功能。在交换中，最主要的是实现商品所有权的转移。在商品所有权转移过程中，市场主要发挥着商品销售与商品购买两种功能。商品销售的目的，是设法创造其商品需求并寻找购买者，按照卖主所期望的价格将商品出售。商品购买的目的，是为了取得购买者所需要的商品种类、品质及数量，并在适当时间、空间以及适当的价格供应给消费者。二是供应的功能，主要是运输和储存两个方面的功能。在一般情况下，商品需要经过运输与储存才能由生产者或经营者手里转移到消费者和购买者手里。商品运输的功能，要求按照商品合理流向，选择最方便的运输工具，最短的路线，最适合的运输方式，及时地将商品运达消费地的供应市场。商品储存的功能，是将商品通过储存设施加以保管留存，不仅能使生产继续进行，且不损坏生产成果，以待销售最佳时机，而且能够调节供求在地点和季节上的矛盾，还可将暂时超需求的商品保存到需求增大时供应，起到商品"蓄水池"作用。运输和储存都是实现商品交换功能的必要条件。三是便利功能，包括资金融通、风险负担、市场情报、商品标准化等，它是为方便商品购销双方提供的各种便利条件。便利功能是市场营销活动中的辅助功能，是为商品交换服务的。市场的这些功能是通过各种市场主体的经济活动来实现的，是互相制约的。同时，由于市场的性质不同，这些功能所起作用的性质和范围是不同的。

（二）市场经济的概念及与商品经济的关系

1. 市场经济的概念

"市场经济"概念的流行是从 19 世纪末开始的，当时以马歇尔、瓦尔拉、帕累托为代表的新古典经济学，开始转向了对消费和需求的研究，明确地把稀缺资源配置作为经济学研究的中心，并从理论上证明了以价格为中心的市场机制的完善性，使市场被看成经济运行的中枢，从而将商品经济或货币经济引向了市场经济，并使市场经济开始兴起。马克思则开创了与资本主义经济学相对立的经济学体系——马克思主义经济学，但马克思、恩格斯并没有使用"市场经济"的概念来表述他们称为"商品经济"或"货币经济"的经济形态，更没有回答"市场经济"的概念和含义。设想未来的社会将实行计划经济，商品货币关系将要消失。只要还存在着市场经济，只要还保持着货币权力和资本力量，世界上任何法律都无法消灭不平等和剥削。只有建立起大规模的社会化的计划经济，一切土地、工厂、工具都归工人阶级所有，才可能消灭剥削。斯大林虽然承认社会主义时期存在着商品生产和商品交换，但又认为全民所有制企业生产的生产资料不是商品，计划经济是排斥商品和价值规律的。

我国在社会主义建设过程中，虽然不断探索自己的发展道路，但在一些方面仍然拘泥于经典作家的论述，把计划经济看作是社会主义的基本特征，把市场经济与资本主义等同起来，使中国在 20 世纪 70 年代出现了经济停滞，甚至到了面临危机的边缘。市场经济就是市场作为配置资源的基础手段的经济。市场经济是以维护产权，促进平等和保护自由的市场制度为基础，以自由选择、自愿交换、自愿合作为前提，以分散决策、自发形成、自由竞争为特点，以市场机制导向社会资源配置的经济形态。

综上所述，可以认为市场经济是指在社会化大生产的条件下，以市场机制作为资源配置基本方式，从而决定生产什么、生产多少，如何生产和为谁生产三大基本问题的经济制度。资源配置一般有两种方式：一种是市场方式；另一种是计划方式。在现代社会中，单一的、纯粹的市场方式或计划方式，一般来说是不存在的，往往是以某种方式为主，另一种方式为辅的混合式。如果某一社会经济中的资源配置方式是以计划方式为主，就叫作计划经济；如果以市场方式作为资源配置的主要方式，这种经济就称为市场经济，但当今世界各国，混合经济制度较多。

2. 市场经济与商品经济的关系

（1）市场经济与商品经济的联系

市场经济与商品经济联系紧密，市场经济是商品经济的发达形式，商品经济和市场的发展是市场经济形成的基础，商品经济的发展水平决定着市场经济的成熟程度。总之，市场经济是高度社会化的、高度发达的商品经济。从这个意义上说，市场经济也是商品经济。

（2）市场经济与商品经济的区别

首先，从历史的发展来看，商品经济形成在先，市场经济形成在后。商品经济早在原始社会末期就已经出现了，但是市场经济则是在商品经济高度发展的资本主义生产方式确立以后才形成的。其次，商品经济作为一种经济形式，主要表现在产品要作为商品来生产和交换，商品经济尽管离不开市场，但市场的地位和作用并不十分突出。而市场经济则主要侧重于经济的运行，主要体现在经济运行的机制是市场机制，市场成了组织和调节社会生产、流通以及资源配置的核心机制。

（三）市场经济的缺陷

市场的基础性调节作用不是万能的，在实际中会由于各种原因，导致市场功能失效，造成市场失灵，这就是市场经济的缺陷。

1. 自发性

自发性是指生产什么、生产多少，如何生产和为谁生产三大基本问题全部由市场经济中的价值规律来调节，政府不参与任何交易过程，全靠"看不见的手"在指挥着千千万万的厂商和个人自主参与交易形式。在交易过程中，经济主体会根据价格信号来调整自己的经济行为，当涨价时，卖方（即生产者）会自发地加大生产投入；当降价时，卖方会自发地减少生产投入。市场经济的自发性只能反映现有的生产结构和需求结构，而不能有效反映国民经济发展的长远目标和结构。

2. 盲目性

信息的不对称性使得任何市场交易主体都无法了解到全部的市场交易信息，使得市场中大多数市场交易者都无法客观地去分析观察问题，市场交易主体大多数以价格的增幅程度来决定是否参与生产以及参与的程度，没有确定性。市场经济的盲目性使单纯的市场调节只能解决微观经济的平衡问题，而难以解决宏观经济的平衡问题。

3. 滞后性

滞后性表现为在市场经济中，市场交易主体是根据价格的变化信号来调整自己的生产和交易行为，这种价格信号是一种事后分析指标。生产者根据变化后的价格指标自发地组织生产，而生产是一个相对于价格变动耗时较长的一个过程，所以经常能看到一种商品降价后，它的供应量却在上升，这就是市场经济的滞后性。而市场经济对供需之间的调整也表现为在市场价格变动之后，即市场机制对经济活动的调节是事后的。

4. 局限性

市场经济中经济主体追求自身利益最大化，忽视长期利益和社会总体利益，经济主体的经济行为无力调节经济总量和外部经济行为，只是追求个体利益的最大化；对于大的宏观方面的经济结构调整，市场机制更是显得软弱无力；市场经济不能保证公平竞争，难以处理好公平和效率的关系；同时，市场经济追求个别厂商成本的最小化，往往会带来环境污染等社会问题，加大社会成本。

二、计划经济体制的特征和优缺点

（一）计划经济与计划经济体制的概念和特征

1. 计划经济

计划是合理配置资源的基本形式。计划经济又称指令型经济，是相对于市场经济而言的，是指一种建立在生产资料国家所有基础上的依靠国家指令性计划或指导性计划来决定生产什么、如何生产和为谁生产等重大决策的经济制度。计划经济简单地说就是国家有规划、有计划地发展经济。计划经济能够避免市场经济发展的盲目性、不确定性，从而能够减少给社会经济发展造成的危害，如重复建设、企业恶性竞争、工厂倒闭、工人失业、地域经济发展不平衡等问题。

世界上没有任何一个国家是纯粹的计划经济，任何一个国家都或多或少有计划经济成分，如德国经济中计划的成分就要比美国多一些。计划经济是社会主义经济的一个基本特征。社会主义国家实行的计划经济是指在生产资料公有制的基础上，根据社会主义基本经济规律和国民经济有计划按比例发展规律的要求，由国家按照经济、社会建设与发展的统一计划来管理国民经济的社会经济制度。实行计划经济，必须从国民经济实际情况和自然资源特点出发，根据社会主义建设的需要，有计划地安排国民经济各部门之间的发展比例关系，合理地分布生产力，有效地利用人力、物力、财力，搞好生产与需要之间的平衡，促进国民经济协调发展，以满足国家建设和人民日益增长的物质和文化生活的需要。

2. 计划经济体制

计划经济与计划经济体制有本质区别。计划经济体制是指以指令性或指导性计划为运行机制来作为配置社会资源基本手段的一种经济体制，是计划经济条件下的产物。计划经济体制下解决生产什么、如何生产和为谁生产三个基本经济问题的主体是政府，政府拥有社会上的大部分资源，并且由政府按照指令性计划和指导性计划来分配资源，不受市场机制的影响。

3. 计划经济体制的特征

计划经济体制往往诞生在生产力和市场经济不发达的情况下，传统的计划经济体制的主要特征是：①生产资料所有制结构单一化。在传统的计划经济体制下，生产资料实行单一的公有制，主要是全民所有制和集体所有制；②组织结构行政化，主要表现在工商企业的管理者都具有一定的行政级别，实行政企合一的行政化管理；③经济调节机制和手段指令化，主要表现在依靠指令性计划或指导性计划来解决生产什么，如何生产和为谁生产三个基本经济问题；④国有企业制度高度集权化，主要表现在大中小型国有企业实行高度的集权化管理，企业没有经营自主权；⑤资源分配和产品流通调拨化，主要表现在资源要素在生产领域以及产品在流通领域都是实行无偿的调拨，没有实行等价交换；⑥个人收入分配方式平均化，主要表现在劳动成果的分配实行平均主义，吃大锅饭；⑦激励机制伦理化，主要表现在不是依靠物质和精神激励，而是依靠社会伦理实现个体道德的升华和从他律到自律的管理。

（二）计划经济体制的优缺点

计划经济体制在苏联和中国取得了巨大的成功，说明计划经济体制有其自身的优点，但与世界上大多数国家实施的市场经济体制相比，计划经济体制也有自身的缺点。

1. 计划经济体制的优点

第一，能够在全社会范围内高度有效地集中必要的人力、物力、财力进行重点建设，集中有限的资金发展重点产业；第二，对经济进行预测和规划，制定国民经济发展战略和长远规划，有利于在宏观上优化资源配置，对国民经济重大结构进行调整和生产力合理布局；第三，计划经济体制实行集权领导，容易贯彻执行，易于保证按预期计划目标实现国民经济发展的总体战略，建立比较合理的国民经济体系；第四，有利于实现国民经济重大比例关系合理化，尤其是通过有计划的收入分配来保证总供求的平衡，避免经济发展中的剧烈波动所导致的资源浪费，有利于宏观经济效益的提高和推动经济持续增长；第五，通过有计划的分配，能够保证国计民生必需品的生产和供应，有利于解决人民最紧迫的生活需要，能够合理调节收入分配，兼顾效率与公平，实现收入均等化，稳定经济和社会，保证经济和社会协调发展。

2. 计划经济体制存在的弊端

传统的计划经济体制在建立初期虽然对促进社会生产力的发展起了一定的作用，但随着时间的推移，逐渐变成一种缺乏生机与活力的僵化体制，在实践中造成了严重的消极后果。从宏观来看，计划经济在宏观仍起到主要作用，但由于制订或实施计划的主观性，使计划与微观市场相悖，就会产生计划经济失效，同时，计划经济体制本身也存在着严重的弊端，主要是：第一，对微观经济活动与复杂多变的社会需求之间的矛盾难以发挥有效的调节作用，容易产生生产与需求之间的相互脱节。同时由于否定商品货币关系，忽视商品生产、价值规律和市场机制的作用，单纯依靠计划调节，缺少有效配置资源的协调机制，社会资源的配置效率低下。第二，计划经济体制下政企不分，束缚了企业的手脚，使企业缺乏经营自主权，忽视了企业和劳动者个人的利益，严重压抑了企业和职工的积极性和主动性。同时计划经济体制不能合理地调节经济主体之间的经济利益关系，容易造成动力不足、效率低下、缺乏活力等现象。第三，计划容易脱离实际，造成不必要的巨大浪费等缺陷，同时计划经济体制下的集权体制领导虽然易贯彻执行，但往往是决策成本较高，而一旦出现问题，往往无人负责，容易滋生主观主义和官僚主义。第四，计划经济体制下收入分配中的平均主义以及对风险的认识，使劳动者对资产的关切度低，资产使用效率低下；安于现状，不利于推动技术进步和革新；同时封闭式管理，妨碍全国统一市场的形成，造成市场信息不完全，容易导致供求脱节及宏观经济比例重大失调；影响国内经济与国际经济接轨，妨碍了国际最新科技成果和管理经验的引进和学习。

三、市场经济体制

（一）市场经济体制的内涵

市场经济是指市场对资源配置起基础性调节作用的经济，市场经济也可以说是以市场机制的作用为基础来配置经济资源的经济。市场经济体制是市场运行的具体制度安排或运行方式，是指以市场机制作为配置社会资源基本手段的一种经济体制。

市场经济体制是高度发达的、与社会化大生产相联系的商品经济，其最基本的特征是经济资源商品化、经济关系货币化、市场价格自由化和经济系统开放化。市场经济体制建立在高度发达的商品经济基础上，市场起主导作用，政府只能作为经济运行的调节者，对经济运行所起的作用只是宏观调控。在市场经济体制下，资源分配受消费者主权的约束，生产什么取决于消费者的需求（市场需求），生产多少取决于消费者的支付能力；经济决策是分散的，作为决策主体的消费者和生产者在经济和法律上的地位是平等的，不存在人身依附和超经济强制关系；信息是按照买者和卖者之间的横向渠道传递的。经济动力来自对物质利益的追求，分散的决策主体在谋求各自的利益中彼此展开竞争，决策的协调主要是在事后通过市场来进行的，整个资源配置过程都是以市场机制为基础的。

（二）市场经济体制的特征

凡是较为完善的市场经济体制，从宏观上讲都具有以下共同特征：一是多种所有制形式并存；二是市场机制、法制监督、社会保障有机统一；三是分散决策与集中决策相互依存；四是实行政府宏观调控。从微观上讲，市场经济体制具有以下特征：①一切经济活动都直接或间接地处于市场关系之中，市场机制是推动生产要素流动和促进资源优化配置的基本运行机制；②所有企业都具有进行商品生产经营所应拥有的全部权利，自觉地面向市场；③政府部门不直接干预企业生产和经营的具体事务，而是通过各项经济政策、法规等调节和规范企业的经营活动；④所有生产、经营活动都按照完整的法规体系来进行，整个经济运行有一个比较健全的法制基础。

四、社会主义市场经济理论

（一）社会主义市场经济体制的含义和表现

市场经济不是一种特定的社会制度，只是社会资源配置的手段和经济运行的方式，它可以存在于不同的社会制度下。所谓社会主义市场经济体制，是在社会主义国家宏观调控下使市场在资源配置中发挥基础性作用的经济体制。它与社会主义基本制度紧密结合在一起，因而除具有市场经济体制共性外，还具有自己的特征。其主要表现是：①在所有制结构上，以公有制为主体，多种所有制经济共同发展。在社会主义条件下，公有制经济不仅包括国有经济和集体经济，还包括混合所有制经济中的国有成分和集体成分，而且公有制形式可以多样化，一切反映社会化大生产规律的经营方式都可以大胆利用。②在分配制度上，实行以按劳分配为主体，多种分配方式并存的制度。把按劳分配和按生产要素分配结合起来，坚持效率优先，兼顾公平，有利于优化资源配置，促进经济发展，保持社会稳定。在社会主义条件下，通过运用包括市场在内的各种调节手段，既可以鼓励先进，合理拉开收入差距，兼顾公平与效率，又可以对过高的收入进行调节，防止两极分化，逐步实现共同富裕。③在宏观调控上，把人民的眼前利益与长远利益、局部利益和全局利益结合起来，更好地发挥计划和市场两种手段的长处。

（二）社会主义市场经济存在的原因

1. 从生产力角度看

商品经济的历史表明，不论什么社会形态，商品生产的存在和发展，都是以社会分工为前提的。社会主义社会虽然可以消除旧式分工所造成的种种对抗性矛盾，但不可能消灭社会分工，因此，不同部门之间、经济单位之间以及劳动者个人之间，必然要求相互交换各自的劳动产品。

2. 从生产关系角度看

从社会经济关系的角度考察，市场经济是指在存在社会分工和生产者具有自身物质利益的条件下，直接以交换为目的的经济形式。社会分工决定了经济主体之间进行商品交换的必要性；物质利益差别则决定了经济主体之间的商品交换必须按照等价补偿和等价交换的原则进行。前者是市场经济存在的一般条件，后者是社会主义市场经济存在的根本原因。

（三）我国社会主义市场经济体制改革的基本框架

1. 所有制结构改革

我国社会主义市场经济体制在所有制结构上是以公有制经济为主体、多种所有制经济共同发展的所有制结构。公有制经济不仅包括国有经济和集体经济，还包括混合所有制经济中的国有成分和集体成分。

2. 分配制度改革

我国社会主义市场经济体制在分配制度上是以按劳分配为主体、多种分配方式并存的分配制度。按劳分配与按生产要素分配相结合，坚持效率优先、兼顾公平的原则。

3. 现代企业制度改革

我国社会主义市场经济体制是以现代企业制度为市场经济体制的微观基础。转换国有企业的经营机制，按照产权清晰、权责明确、政企分开、管理科学的现代企业制度的要求，对国有大中型企业实行规范的公司制改革。

4. 社会主义市场体系的建立

我国社会主义市场经济体制要建立统一、开放、竞争、有序的市场体系。建立和发展资本市场、劳动力市场、技术市场、土地市场、信息市场和产权市场等生产要素市场，形成完善的市场体系。同时，健全市场规则，加强市场管理，规范市场运行。

5. 国家宏观调控体系的完善

我国社会主义市场经济体制要完善以间接调控为特征的国家宏观调控体系。转变政府职能，实行政企分开，建立和健全以经济手段和法律手段为主的间接调控体系，保证国民经济的健康运行。

6. 建立和健全社会保障体系

我国社会主义市场经济体制要建立和健全多层次的社会保障体系。实行社会统筹与个人账户相结合的养老、医疗保险制度，完善失业保险和社会救济制度。

上述六个方面是相互联系、相互制约的有机整体，共同构成我国市场经济体制改革的基本框架。

第二节　市场机制

一、市场机制的含义和构成

（一）市场机制的含义

市场机制是市场经济运行的基本调节机能，是通过市场竞争配置资源的方式，即资源在市场上通过自由竞争与自由交换来实现配置的机制，也是价值规律的实现形式。具体来说，它是指市场机制体内的供求、价格、竞争、风险等要素之间互相联系及作用的机理。

市场机制具有相对独立性、内在自发性和普遍运动性，其作用的条件是培育市场主体、完善市场体系、健全市场法制和转变政府职能。市场机制有一般运行的市场机制和特殊运行的市场机制之分。一般市场机制是指在任何市场都存在并发生作用的市场机制，主要包括价格机制、供求机制、竞争机制、风险机制和激励机制。特殊市场机制是指各类市场上特定的并起独特作用的市场机制，主要包括金融市场上的利率机制、外汇市场上的汇率机制、劳动力市场上的工资机制等。

（二）市场机制的构成

市场机制是一个有机的整体，它的构成要素主要有市场价格机制、供求机制、竞争机制、风险机制和激励机制等。

从价格机制与其他机制的关系来看，虽然各种机制在市场机制中均处于不同的地位，但价格机制对其他机制都起着推动作用，在市场机制中居于核心地位。供求机制是市场机制的保证机制。在市场机制中，首先必须有供求机制，才能反映价格与供求关系的内在联系，才能保证价格机制的形成，保证市场机制的正常运行。但价格机制对供求机制起着推动作用，价格涨落推动着生产经营者增加或减少供给量，推动消费需求者减少或增加需要量，不断调节供求关系。竞争机制是市场机制的关键机制。在市场经济中，有竞争，才会促进社会进步和经济发展。价格机制又对竞争机制起着推动作用，价格涨落能够促进生产经营者开展各种竞争，推进产品创新、技术创新、管理创新，以取得更大利润。风险机制是市场机制的基础机制。在市场经营中，任何企业在从事生产经营中都会面临着盈利、亏损和破产的风险。价格机制能影响风险机制，价格涨落能推动企业敢冒风险，去追逐利润。激励机制是市场机制的动力机制。企业生产经营要以利益为激励，推动企业开展竞争，讲求经济效益。价格机制能影响激励机制，价格变动发出信号，激励企业决定生产经营什么，不生产经营什么。

1. 价格机制

（1）价格机制的定义

价格机制是市场机制中的基本机制。所谓价格机制是指在竞争过程中，与供求相互联系、相互制约的市场价格的形成和运行机制。价格机制包括价格形成机制和价格调节机制，价格机制是在市场竞争过程中，市场上某种商品市场价格的变动与市场上该商品供求关系变动之间的有机联系的运动，是价格变动与供求变动之间相互制约的联系和作用。价格机制通过市场价格信息来反映供求关系，并通过这种市场价格信息来调节生产和流通，从而达到资源配置的目的。另外，价格机制还可以促进竞争和激励，决定和调节收入分配等。价格机制是市场机制中最敏感、最有效的调节机制，价格的变动对整个社会经济活动有十分重要的影响。商品价格的变动，会引起商品供求关系变化，而供求关系的变化，又反过来会引起价格的变动。

（2）价格机制的功能

①传递信息。价格机制在市场经济中以价格的波动为信号来传递供求信息，价格变动的方向和幅度有利于调整市场的供求关系，提高生产者和消费者决策的效率。

②调节资源配置。价格机制通过价格高低来影响供求，引导生产与消费，因而能够有效地调节资源的合理配置。

③调节收入分配。价格机制通过价格高低来决定生产者、消费者的经济利益，是调节收入分配的尺度。

④是竞争的有力工具。市场经济中，在商品同质的条件下，价格是最有力的竞争武器。

（3）价格机制的作用

在社会主义市场经济条件下，价格机制对社会主义市场经济运行和发展的作用是多方面的。

第一，价格机制能够解决社会生产什么、生产多少，如何生产，为谁生产这三大基本问题。价格机制能够根据消费者的需求来决定生产什么，根据社会资源的多少以及消费者需求来决定生产多少，调节资源在社会各个生产部门之间的分配，协调社会各生产部门按比例发展，提高了生产商品的劳动生产率和资源耗费的节约。

首先，企业生产什么，生产多少，必须以市场供求状况为导向，而市场供求状况，又必须看市场价格情况。如市场上某种产品相对于其用途过于稀缺，其价格过高，说明供不应求，生产经营者就有多生产经营该产品的动机，而消费者就有少用或不用该产品的动机，这将引起价格下跌，直到其稀缺程度符合其用途为止。如果某种产品相对于其用途过于丰裕，说明供过于求，其价格又过低，消费者就具有多使用该产品的动机，而生产经营者则具有少生产或不生产该种产品的动机。这将带来价格上涨，直至其稀缺程度符合其用途为止。因此，生产经营者决定生产什么，生产多少，是以市场价格信号为根据做出决策的。

其次，企业解决如何生产问题，也就是企业在配置资源时必须以生产要素的价格高低为导向来决定如何使用生产要素。是多用劳动力，还是多用资本（包括机器设备）；是用普通材料，还是用高档材料；是用一般技术，还是采用较高技术，关键是要看其成本价格是高还是低。如果使用资本比使用劳动力成本低，那就采取多用资本少用劳动力的资本密集型；如果采用一般技术比采用较高技术成本高，那就采用较高技术。企业在决定如何生产问题时，必须通过成本核算，选择成本最低的方案进行生产。通过竞争，促使提高效率，降低成本，以提高市场占有率，取得更多利润。

最后，产品生产出来之后，如何在人们之间进行分配，也就是为谁生产问题。企业最关心的问题，是谁能买得起他们所生产的产品，它决定于市场上各种集团、家庭、个人的收入情况。产品价格的变动和作为收入的生产要素价格的变动，将决定人们对产品愿意支付的价格水平及支付结构，使产品在资源所有者之间进行分配。那些拥有资源较多，或昂贵资源的人，将是富裕的，并能购买大笔数量的产品；那些拥有资源较少的人，将是不富裕的，只能购买较少的产品。所以，价格能将产品的产量在资源所有者之间进行分配。

第二，价格机制能够调节多次收入分配。主要表现在价格能够决定和调节产业之间、行业之间、企业之间和企业内部的收入分配状况。

首先，市场价格能够决定各个产业之间的收入不同。如过去第一产业的产品价格相对较低，而第二产业的产品价格相对较高，则第一产业获得的收入比第二产业要少。以后经过价格机制的不断调整，第一产业产品的价格会逐渐提高，第二产业产品的价格相对稳定，或有些产品随着生产技术水平的不断提高还可能逐渐下降，第一产业收入增加，第二产业收入有所下降。这是价格机制对产业部门之间的收入分配，是第一次分配。

其次，价格机制能够决定行业之间、企业之间的收入不同。如在第二产业中，电子产品价格高、利润大，行业、企业收入较多，而其他有些行业、企业产品价格相对较低，其收入也较少，这是价格机制对行业之间、企业之间收入分配的调整，这是第二次分配。

最后，价格机制也可以对分给企业的那部分收入进行调整，主要是通过工资、利息和利润进行再分配，这是第三次分配。

第三，价格机制能够直接影响消费者购买行为。市场中某种商品价格的上升或下降都会影响到消费者的需求量，而价格总水平的上升或下降也能够调节市场的消费需求规模；市场中商品比价体系的变动，能够调节市场的消费需求方向和需求结构。

消费者在收入不变的情况下，某种产品价格上涨，而替代品价格稳定或下跌，将促使消费者多购买替代品，少购买或不购买某种产品。某种产品价格下跌，而替代品价格上涨，将促使消费者多购买某种产品，而减少买或不购买替代品。消费者收入增加，价格相对稳定，将促使消费者增加消费量。消费者收入增幅低于价格涨幅，则消费者实际收入减少，会影响消费水平，相应减少消费量，但生存资料不会减少，而享受资料和发展资料会相应减少；消费者收入增幅高于价格涨幅，消费者实际收入增加，会相应提高消费水平，增加消费量。除了增加一些生存资料消费外，还会增加享受资料和发展资料的消费。

生存资料价格稳定，享受资料和发展资料价格下跌，将促使消费者提高消费结构，增加享受资料和发展资料的消费。生存资料价格上涨或下跌，由于生存资料的需求弹性较小，购买消费生存资料不会发生很大变化。如享受资料和发展资料价格上涨或下跌，由于其需求弹性较大，其需求量将会相应减少或增加。

第四，价格机制是宏观经济的重要调控手段。主要表现在两个方面：一方面，价格总水平的变动是国家进行宏观经济调控的根据；另一方面，价格机制推动社会总供给与总需求的平衡。

（4）价格机制与市场机制的关系

①价格机制与市场机制是市场经济的调节机制

市场机制包含了价格机制，价格机制在市场机制中居于核心地位，所以，市场机制要发挥调节作用，必须通过价格机制才能顺利实现。这是因为：首先，价格是经济信息的传播者。价格在社会生产的一切领域，社会生活的各个方面都提供和传递着各种经济信息，价格变动情况是反映社会经济活动状况的一面"镜子"，是市场经济运行的"晴雨表"；其次，价格是人们经济交往的纽带。社会产品在各个经济单位、个人之间的不停流转，必须通过价格才能实现；最后，价格是人们经济利益关系的调节者。在市场经济中，任何价格的变动，都会引起不同部门、地区、单位、个人之间经济利益的重新分配和组合。

②价格机制的综合反映

有市场就必然有价格，如商品价格、劳务价格、资本价格、信息价格、技术价格、房地产价格等。同时，各种价值形式，如财政、税收、货币、利润、工资等，都从不同方面和不同程度上与价格发生一定的相互制约和依赖关系。财政的收支状况直接影响着价格水平，收大于支时可以稳定价格，支大于收时将促使价格上涨。价格变动又会影响到财政收支。税收、利润、利息和工资是价格的组成部分，它们的变动直接影响着价格水平，而且在一定的价格水平下，价格又制约着税收、利息、利润、工资的变动，价格的变动直接取决于货币价值的变动，如人民币贬值会促使价格上涨，反之则促使价格下跌。价格相对稳定，又会制约着货币的发行量。所以，价格的变动，不仅直接影响其他价值形式的变动，而且也是其他价值形式变动的综合反映。

2. 供求机制

（1）供求机制的定义

供求机制是通过商品、劳务和各种社会资源的供给和需求的矛盾运动来影响各种商品和劳务的均衡以及生产要素组合，使之趋于均衡的机制。供求机制通过供给与需求之间在不平衡状态时所形成的各种商品的市场价格，并借助于价格、市场供给量和需求量等市场信号来调节社会生产和需求，最终实现供求之间的基本平衡。所以，供求机制是在商品的供求关系与价格、竞争等因素之间相互制约和联系中发挥作用的，而在完全竞争市场和不完全竞争市场中供求机制发挥作用的方式是不同的。

供求机制是市场机制的主体，供求联结着生产、交换、分配、消费等环节，是生产者与消费者关系的反映与表现。市场中的供求关系受价格和竞争等因素的影响，而供求关系的变动，又能引起价格的变动和竞争的开展。供求运动是市场内部矛盾运动的核心，其他要素（如价格、竞争、货币流通等）的变化都围绕着供求变动而展开。企业的成长与发展往往受到供求机制影响，其既是产品市场的供应者，又是生产资料市场的需求者，可以充分利用市场需求来调整自身的经营方向、战略、产品、技术、营销等，是企业抓住机遇，避开威胁的重要内容。

（2）供求机制的功能和作用

①供求机制的功能

供求机制对社会经济的运行和发展具有重要功能，主要是调节功能。供求机制可以调节商品的价格，调节商品的生产与消费的总量和方向；供求结构的变化能够调节生产结构和消费结构的变化。

②供求机制的作用

供求机制起作用的条件是，供求关系能够灵活地变动，供给与需求背离的时间、方向、程度应当是灵活而适当的，不能将供求关系固定化。供求关系在不断的变动中取得相对的平衡，是供求机制作用的实现形式。

供求机制的直接作用表现为以下四个方面：

第一，调节总量平衡。供不应求时，价格上涨，从而吸引更多企业增加供给；供过于求时，一部分商品的价值得不到实现，迫使部分滞销企业压缩或退出生产。

第二，调节结构平衡。供求机制通过"看不见的手"使生产资料和劳动力在不同部门之间合理转移，追求更高的效益，从而导致经济结构的平衡运动。

第三，调节地区之间的平衡。供求机制促使各个地区调剂余缺，互通有无，使地区之间的商品、劳务得以平衡。

第四，调节时间上的平衡。供求机制促使部分劳动者从事跨季节、跨时令的生产经营活动（如温室种植、跨季节仓储等），在一定程度上满足了市场需求，缓解了供求在时间上的矛盾。

3. 竞争机制

（1）竞争与完全竞争

①竞争。经济学上的竞争是指经济主体在市场上为实现自身的经济利益和既定目标而不断进行的角逐过程。竞争法中的竞争是指市场经济活动主体为了自己的最大利益而以其

他竞争者为竞争对手所进行的争取交易机会和市场的行为。

②竞争的类型。竞争包括买者和卖者双方之间的竞争，也包括买者之间和卖者之间的竞争。经济学家以该行业所包含的厂商数目的多寡和一个行业的各厂商所生产产品之间相互替代程度的大小为标准，把市场分为四种类型：完全竞争、垄断竞争、寡头垄断和完全垄断。完全竞争和完全垄断是两个极端，从完全竞争到完全垄断，竞争的成分越来越少，垄断的成分越来越多。垄断竞争和寡头垄断是介于这两个极端之间的状态，是竞争与垄断不同程度的结合，又称不完全竞争或不完全垄断市场。

③完全竞争的特点。完全竞争又称纯粹竞争，是指一种竞争不受任何阻碍、干扰和控制的市场结构。这种不受任何阻碍和干扰的含义是不存在垄断现象和不受政府影响。

完全竞争市场是研究其他类型市场结构的参照点，它具有严格的条件：

第一，大量的买者和卖者。市场上有许多生产者与消费者，并且每个生产者和消费者的规模都很小，即任何一个市场主体所占的市场份额都极小，都无法通过自己的行为来影响市场价格和市场的供求关系。他们在决策时都不考虑行业中其他厂商的行为或反映，都认为市场价格与他们自己的产量不相关，因而每个主体都是既定市场价格的接受者，而不是决定者。一方面，任何将产品价格提升到市场价格以上的厂商都会立刻发现他的产品卖不出去；另一方面，厂商没有动力将价格定在市场价格以下，因为在当前价格下厂商就可以卖出所有他想卖掉的产品。

第二，同质品。市场上的产品是同质的，即不存在产品差别。产品差别是指同种产品在质量、包装、牌号或销售条件等方面的差别，不是指不同种类产品之间的差别。例如，创维彩电与长虹彩电的差别，而不是彩电与空调的差别。因此，厂商不能凭借产品差别对市场实行垄断。完全竞争市场上产品的同质性在于消费者无法区分厂商之间的产品，厂商对供给者也是漠不关心的。

第三，自由进入和退出。不断变化的市场状况的调整要求各种资源都可以完全自由流动而不受任何限制。任何一个厂商可以按照自己的意愿自由地扩大或缩小生产规模，进入或退出某一完全竞争的行业，这种调整的发生不需要厂商承担特别的成本。

第四，完全信息。市场信息是畅通的，厂商与居民双方都可以获得做经济决策时所需要的完备的市场供求信息，双方不存在相互的欺骗。消费者知道每个厂商的产品价格和产量，厂商知道生产函数和所有投入与产出的价格。

第五，无交易成本。交易成本就是运用市场的成本，如合同的谈判和监督成本。在完全竞争市场中，对买者或卖者来说交易成本都是零。

具备上述条件的市场叫完全竞争市场。在现实中很少存在这样的市场结构，比较符合条件的有农产品市场和没有大户操纵的证券市场。但是，分析完全竞争市场的厂商行为具有十分重要的理论意义，它是一个重要的参照点，是研究其他市场结构的基础。

（2）竞争机制的定义

竞争机制是市场机制的重要内容之一，是商品经济活动中优胜劣汰的手段和方法。竞争机制是指在市场经济中，各个经济行为主体之间为了自身的利益而通过价格竞争或非价格竞争，按照优胜劣汰的法则来调节市场运行，并由此形成的经济内部的必然联系和影响。竞争机制反映了竞争与供求关系、价格变动、资金和劳动力流动等市场活动之间的有机联系，它是企业形成活力和发展的动力，能够促进生产和使消费者获得更大的实惠。

竞争机制同价格机制和信贷利率机制等紧密结合，共同发生作用。竞争的主要手段表现为，在同一生产部门内部主要是价格竞争，以较低廉的价格战胜对手。在部门之间，主要是资金的流入或流出，资金由利润率低的部门流向利润率高的部门。

（3）竞争机制发挥作用的前提条件

竞争机制发挥作用是有一定前提条件的，一般来说主要有三点：

第一，商品的生产者和经营者是独立的经济实体，而不是行政机关的附属物。只有在生产者和经营者有权根据市场状况去决定自己生产方向的变动、生产规模的扩大和缩小、投资规模和方向的情况下，竞争才能展开。

第二，承认商品生产者和经营者在竞争中所获得的相应利益。只有承认经济利益，才能使竞争者具有主动性和积极性，才具有竞争的内在动力。

第三，要有竞争所必需的环境，关键是要有一个结构配套、功能齐全的市场体系。只有在这样的环境中，商品和资金流通才不会受阻，竞争才能正常展开。

（4）竞争机制的作用

竞争机制对市场经济的运行和发展具有重要作用，体现在以下几个方面：

第一，使商品的个别价值转化为社会价值，商品的价值表现为价格，从而使价值规律的要求和作用得以贯彻和实现。

第二，可以促使生产者改进技术，改善经营管理，提高劳动生产率。

第三，可以促使生产者根据市场需求来组织和安排生产，使生产与需求相适应。

完善的竞争机制，实行优胜劣汰，这是竞争机制充分发挥作用的标志。

4. 风险机制

（1）风险的定义与种类

①风险的定义

风险是从事某项事业时可能对目标的实现产生影响的事情发生的不确定性，包括正面效应和负面效应的不确定性。从经济角度而言，前者为收益，后者为损失。在经济社会中，风险是普遍存在的。在生产中，由于供求关系难以预料的变动，自然灾害、政治动乱以及其他偶然事件的影响，都会使生产存在着风险，而且并不是所有的风险都可以用保险的方法加以弥补。一项决策可能带来超额利润，也可能出现亏损，承担风险就需要获得报酬。

风险是客观存在的，是不以人的意志为转移的，它的存在与客观环境及一定的时空条件有关，并伴随着人类活动的开展而存在，没有人类的活动，也就不存在风险。社会中充满了不确定性，许多具有风险的生产或事业也是社会所需要的。这些风险都需要有人承担，因此，由承担风险而产生的超额利润也是合理的，可以作为社会保险的一种形式。

风险是由风险因素、风险事故和损失三个基本要素构成的。风险因素是指引起或增加风险事故发生的机会或扩大损失幅度的原因和条件。它是风险事故发生的潜在原因，是造成损失的内在的或间接的原因，通常根据性质可分为实质风险因素、道德风险因素和心理风险因素三种类型。风险事故是造成生命财产损失的偶发事件，又称风险事件，是损失的媒介，是造成损失的直接的或外在的原因，即风险只有通过风险事故的发生，才能导致损失。损失是指非故意的、非预期的和非计划的经济价值的减少，包括直接损失和间接损失，前者是实质的、直接的损失；后者包括额外费用损失、收入损失和责任损失。

②风险的种类

风险的分类方法有很多，可以按照不同的标志加以分类。

第一，按风险损害的对象分类。

财产风险：是导致财产发生毁损、灭失和贬值的风险。如房屋有遭受火灾、地震的风险，机动车有发生车祸的风险，财产价值因经济因素有贬值的风险。

人身风险：是指因生、老、病、死、残等原因而导致经济损失的风险。例如，因为年老而丧失劳动能力或由于疾病、伤残、死亡、失业等导致个人、家庭经济收入减少，造成经济困难。生、老、病、死虽然是人生的必然现象，但在何时发生并不确定，一旦发生，将给其本人或家属在精神和经济生活上造成困难。

责任风险：是指因侵权或违约，依法对他人遭受的人身伤亡或财产损失应负有赔偿责任的风险。例如，汽车撞伤了行人，如果属于驾驶员的过失，那么按照法律责任规定，就须对受害人或家属给付赔偿金。又如，根据合同、法律规定，雇主对其雇员在从事工作范围内的活动中，造成身体伤害所承担的经济给付责任。

信用风险：是指在经济交往中，权利人与义务人之间，由于一方违约或犯罪而造成对方经济损失的风险。

第二，按风险的性质分类。

纯粹风险：是指只有损失可能而无获利机会的风险，即造成损害可能性的风险。其所致结果有两种，即损失和无损失。例如，交通事故只有可能给人民的生命财产带来危害，而决不会有利益可得。在现实生活中，纯粹风险是普遍存在的，如水灾、火灾、疾病、意外事故等都可能导致巨大损害。但是，这种灾害事故何时发生，损害后果多大，往往无法事先确定，于是，它就成为保险的主要对象。人们通常所称的"危险"，也就是指这种纯粹风险。

投机风险：是指既可能造成损害，也可能产生收益的风险，其所致结果有三种：损失、无损失和盈利。例如，有价证券，证券价格的下跌可使投资者蒙受损失，证券价格不变无损失，但是证券价格的上涨却可使投资者获得利益。还如赌博、市场风险等，这种风险都带有一定的诱惑性，可以促使某些人为了获利而甘冒这种损失的风险。在保险业务中，投机风险一般是不能列入可保风险之列的。

收益风险：是指只会产生收益而不会导致损失的风险，例如，接受教育可使人终身受益，但教育对受教育的得益程度是无法进行精确计算的，而且，这也与不同的个人因素、客观条件和机遇有密切关系。对不同的个人来说，虽然付出的代价是相同的，但其收益可能是大相径庭的，这也可以说是一种风险，有人称之为收益风险，这种风险当然也不能成为保险的对象。

第三，按损失的原因分类。

自然风险：是指由于自然现象或物理现象所导致的风险，如洪水、地震、风暴、火灾、泥石流等所致的人身伤亡或财产损失的风险。

社会风险：是由于个人行为反常或不可预测的团体的过失、疏忽、侥幸、恶意等不当行为所致的损害风险，如盗窃、罢工等。

经济风险：是指在产销过程中，由于有关因素变动或估计错误而导致的产量减少或价格涨跌的风险等，如市场预期失误、经营管理不善、消费需求变化、通货膨胀、汇率变动等所致经济损失的风险等。

技术风险：是指伴随着科学技术的发展、生产方式的改变而发生的风险，如核辐射、空气污染、噪声等风险。

政治风险：是指由于政治原因，如政局的变化、政权的更替、政府法令和决定的颁布实施，以及种族和宗教冲突、叛乱、战争等引起社会动荡而造成损害的风险。

法律风险：是指由于颁布新的法律和对原有法律进行修改等原因而导致经济损失的风险。

第四，按风险涉及的范围分类。

特定风险：是指与特定的人有因果关系的风险。即由特定的人所引起，而且损失仅涉及个人的风险。例如，盗窃、火灾等都属于特定风险。

基本风险：是指其损害波及社会的风险。基本风险的起因及影响都不与特定的人有关，至少是个人所不能阻止的风险。例如，与社会或政治有关的风险，与自然灾害有关的风险，都属于基本风险。

特定风险和基本风险的界限，对某些风险来说，会因时代背景和人们观念的改变而有所不同。如失业，过去被认为是特定风险，而现在被认为是基本风险。

（2）风险机制的定义

风险机制是市场机制的基础机制，是市场活动中同企业盈利、亏损和破产之间相互联系和作用的机制。风险机制是指利用风险、竞争及供求共同作用的原理，以获得利益为动力和以破产为压力，作为一种外在压力与竞争机制同时作用于市场主体，以调节市场供求的机制。风险机制在产权清晰的条件下，对经济发展发挥着至关重要的作用。

风险机制是市场运行的约束机制。它以竞争可能带来的亏损乃至破产的巨大压力，鞭策市场主体努力改善经营管理，增强市场竞争实力，提高自身对经营风险的调节能力和适应能力。风险与竞争密不可分，没有竞争就不会有风险，没有风险也不需要竞争。竞争存在着风险，风险预示着竞争，两者密不可分，以至于有时人们把它们合在一起，统称为风险竞争机制。

（3）风险机制的要素构成

在市场经济中，风险机制主要是指经济风险机制，经济风险机制的构成要素主要有风险成本、风险选择和风险障碍。风险成本是指投入冒险的成本。任何经济风险都同风险成本联系在一起，没有风险成本的经济风险是不存在的。风险选择是指人们所选择的经济行为在目标、手段和行为方式上存在的风险威胁。在实际经济生活中，人们往往选择经济风险小的经济活动。但风险的大小与收益是成正比的，因此，为了获得更大的利益，必须选择风险大的经济活动。风险障碍是指人们做出风险选择时以某种形式给人们的社会利益造成的威胁和伤害的因素，风险选择必须有风险障碍。

（4）风险机制的作用条件

在实际经济生活中，风险机制起作用的条件有两个：一是企业承担投资风险和经营风险；二是实行破产制度。破产制度是风险机制的最高作用形式，因而是风险机制运行最关键的条件。破产的正效应是使亏损企业停止生产，将这些企业使用的资源释放出来，投入到效率更高的其他生产中去；同时，破产对人们具有教育作用，它迫使市场主体相互监督，从而提高整个经济体系利用资源的效率。破产的负效应是使一些劳动者失业，使债权人只能收回部分款项。

5. 激励机制

（1）激励的概念、特点和要素

①激励的概念

激励是创新的动力机制。激励的原意是指人在外部条件刺激下出现的心理紧张状态。管理中的激励，是指管理者运用各种管理手段，刺激被管理者的需要，激发其动机，使其朝向所期望的目标前进的心理过程。激励的最主要作用是通过动机的激发，调动被管理者工作的积极性和创造性，自觉自愿地为实现组织目标而努力。即其核心作用是调动人的积极性。

②激励的特点

激励具有内在驱动性和自觉自愿性的特点。由于激励起源于人的需要，是被管理者追求个人需要满足的过程，因此，这种实现组织目标的过程，不带有强制性，而是完全靠被管理者内在动力驱使的、自觉自愿的过程。

③激励要素

构成激励的要素主要包括动机、需要、外部刺激和行为。

（2）激励理论的类型

激励理论主要研究人动机激发的因素、机制与途径等问题。心理学家和管理学家进行了大量研究，形成了一些著名的激励理论。这些理论大致可划分为三类：

第一，内容型激励理论。该理论重点研究激发动机的诱因，主要包括马斯洛的"需要层次论"、赫茨伯格（Frederick Herzberg）的"双因素论"、麦克莱兰（David Mcclelland）的"成就需要激励理论"等。

第二，过程型激励理论。该理论重点研究从动机的产生到采取行动的心理过程，主要包括弗鲁姆（Victor H. Vroom）的"期望理论"、波特（L. W. Porter）和劳勒（E. E. Lawler）的"期望模式"、亚当斯（J. S. Adams）的"公平理论"等。

第三，行为改造理论。该理论重点研究激励的目的（即改造、修正行为），主要包括斯金纳（Burrhus Frederic Skinner）的"操作条件反射论"和"归因理论"等。

（3）激励方式与手段

有效的激励，必须通过适当的激励方式与手段来实现。按照激励中诱因的内容和性质，可将激励的方式与手段大致划分为三类：物质利益激励、社会心理激励和工作激励。

①物质利益激励

物质利益激励是指以物质利益为诱因，通过调节被管理者物质利益来刺激其物质需要，以激发其努力实现组织目标的方式与手段。对于我国相当一部分收入水平较低的人来说，工资、奖金仍是重要的激励因素。

②社会心理激励

社会心理激励是指管理者运用各种社会心理学方法，刺激被管理者的社会心理需要，以激发其动机的方式与手段。这类激励方式是以人的社会心理因素作为激励的诱因。

③工作激励

按照赫茨伯格的双因素论，对人最有效的激励因素来自工作本身，即满意于自己的工作是最大的激励。因此，管理者必须善于调整和调动各种工作因素，搞好工作设计，千方百计地使下级满意于自己的工作，以实现最有效的激励。

二、市场机制的功能

发展市场经济，必须充分发挥市场机制的功能，使市场机制在资源配置中起基础性作用，市场机制有六大功能。

（一）形成市场价格的功能

商品价值是生产过程中形成的，通过流通实现的。在生产过程中形成的价值，要在市场上通过供求机制和竞争机制的作用，使价值转化为价格，最终形成市场价格。

（二）优化资源配置的功能

市场是以市场价格为信号来配置资源的。市场价格是市场主体配置资源的基本依据，市场价格也是资源配置状况的尺度。市场价格通过不断的变动来实现资源的变动，使资源提高效率，实现资源优化配置。

（三）平衡供求的功能

供求是波动的，供求实际上从来不会一致。市场机制的作用是通过价格、供求和竞争机制的相互作用，调整供求和价格的数量，实现供求和价格在动态中的均衡。

（四）实现经济利益的功能

在市场经济中，商品生产者和经营者都是从自身经济利益出发从事生产经营活动的。但商品生产者个人的经济利益是通过市场来实现的。市场主体获得经济利益的多寡，不仅取决于生产，而且取决于市场。不管生产什么，生产多少，都要通过市场来实现。

（五）评价经济效益的功能

市场经济中的各市场经济主体从事经济活动的效果如何，不取决于市场主体本身的主观评价，而取决于市场的客观评价。市场是天生的平等派，只有通过市场机制的检验，才能证明产品是否为社会所需要，是否真有效益。因此，市场是各种社会经济活动的客观评价者。

（六）实现优胜劣汰的功能

市场机制作用的结果，可使个别成本低于社会成本的商品生产者获得超额利润，从而在竞争中处于优势地位，形成更大发展的内在冲动；又会使生产商品的个别成本大于社会成本的商品生产者产生亏损甚至破产，在竞争中处于劣势，形成被淘汰的压力，从而在整个社会产生优胜劣汰的效应，推动社会经济的发展和水平的提高。

在现代经济中，为了克服市场机制的缺陷，市场机制往往与政府宏观调控结合在一起。政府对市场机制的宏观调控主要在于弥补市场机制的不足，主要是政府运用宏观调控手段对市场机制的功能进行引导和调节，或政府运用计划等手段配置某些关系国计民生和国家安全的重要资源。

第三节 市场体系

一、市场体系的概念和特征

（一）市场体系的含义

市场机制功能的发挥，要以完善的市场体系为基础。所谓市场体系是指以商品市场为主体，包括消费品市场、生产资料市场、金融市场、劳动力市场、房地产市场和技术信息市场等各类市场在内的有机统一体，即以商品市场和生产要素市场组成的相互影响、相互作用的各类型市场的总和。它们相互联系、相互制约，是各类市场相互联系的一个有机统一体，共同推动整个社会经济的发展。培育和发展统一、开放、竞争、有序的市场体系，是建立社会主义市场经济体制的必要条件。

（二）市场体系的特征

1. 整体性

市场体系的整体性是指市场体系无论是从构成上，还是空间上均是完整统一的。从市场客体即交换对象角度来看，完整的市场体系既包括各种商品市场，也包括全部生产要素市场；既包括实物商品市场，也包括精神商品（或称知识产品）市场和服务市场；既包括发达的现货交易市场，也包括各种期货市场。从空间角度来看，完整的市场体系是指各种类型的市场在国内地域间是一个整体，不应存在行政分割与封闭状态，全国市场不是彼此分割、封闭的地方市场，而是一个统一的市场，是一个具有广阔空间和复杂结构的整体。部门或地区对市场的分割，会缩小市场的规模，限制资源自由流动，从而大大降低市场的效率。

2. 有机联系性

市场体系不是各种市场的简单组合，而是一个存在着内部分工的有机整体。市场体系中的各个子市场分别承担着不同的经济功能，各自为国民经济的正常运转发挥着作用。它们之间互相联系、相互制约，一个市场上的供求状况会通过价格、工资和利息之间的联系传导到另一个市场。各个市场之间的这种有机联系，使国民经济成为一个有机的统一体。

3. 开放性

市场体系的开放性是指各类市场不仅要对国内开放，而且要对国外开放，把国内市场与国外市场联系起来，尽可能地参与国际分工和国际竞争，并按国际市场提供的价格信号来配置资源，决定资本流动的方向，以达到更合理地配置国内资源和利用国际资源的目的。市场体系不是一种地域性的封闭体系，封闭的市场体系不仅会限制市场的发育，还会影响对外开放和对国际资源的利用。因此，任何分割和封锁市场的做法都是与市场经济的本性不相容的。

4. 动态性

市场体系会随着市场的发展而不断发展和完善，包括市场体系的结构和市场体系的每个构成要素的发展和完善。随着商品经济的不断发展，进入市场交换的生产要素越来越多，由于市场经济中生产要素已经商品化，在商品市场中又派生出各种特殊的市场，如技术市场、信息市场、房地产市场、产权市场等，形成了市场体系。所以，现代意义上的市场体系是不断变化的。

5. 竞争性

市场体系的竞争性是指它鼓励和保护各种经济主体的平等竞争。公平竞争能创造一个良好的市场环境，以促进生产要素的合理流动和优化配置，提高经济效益。一切行政封闭、行业垄断、不正当竞争等都有损市场效率。

6. 有序性

市场体系的有序性是指市场经济作为发达的商品经济，其市场必须形成健全的网络、合理的结构，各类市场都必须在国家法令和政策规范要求下有序、规范地运行。市场无序、规则紊乱是市场经济正常运行的严重阻碍，它会损害整个社会经济运行的效率，容易导致社会经济发展的无序状态。

二、市场体系的构成

市场体系的结构可以从不同的角度来划分。从市场交换的对象来看，它主要包括商品市场和生产要素市场以及其他类型的特殊市场。商品市场是以生产出的产品或服务为交易对象的市场，主要包括消费品市场和生产资料市场。生产要素市场是以生产要素为交易对象的市场，主要包括金融市场（资本市场）、劳动力市场、技术市场、信息市场、房地产市场。其中，生产资料市场兼有生产要素市场的特征，房地产市场兼有商品市场的特征。此外，还有一些不属于上述两类市场的其他类型市场，如旅游市场、娱乐市场、文化市场、运输市场、邮电市场、教育市场等。在整个市场体系中，商品市场是决定和影响其他市场的主体和基础，其他市场都是在商品市场的基础上发展起来的，整个市场体系的运转是以商品市场为中心的。生产要素市场和其他市场对商品市场也有重要的反作用，随着商品经济的不断发展，各种要素市场和其他市场日益活跃，并形成独立的市场分支，对商品市场的发展起着越来越大的作用。

（一）消费品市场

1. 定义

消费品市场是交换用于满足消费者个人生活消费需要以及社会消费需要的商品市场，如食品、服装、日用品等。消费品市场是整个市场体系的基础，所有其他类型的市场都是由它派生出来的。所以，消费品市场是社会再生产中最后的市场实现过程，它体现了社会最终供给与最终需求之间的对立统一关系。

2. 特点

消费品市场具有以下特点：①广泛性。消费品市场涉及千家万户和社会的所有成员，全社会中的每一个人都是消费者；②多样性和多变性。消费品市场因社会需求结构、形式的多样性、多变性而呈现出多样性和多变性的特点；③批量小而频率高。市场交易量不一定很大，但交易次数可能很多；④基础性和反馈性。消费品市场的变化，最终必然会引起初级产品市场和中间产品市场的相应变化。

3. 作用

消费品市场与人们的日常生活息息相关，它体现了社会再生产过程最终的市场实现，反映了消费者最终需求的变化。作为最终产品市场，消费品市场与其他商品市场密切相关，集中反映着整个国民经济的发展状况等。消费品市场的作用是：①资金市场的发展始终受消费品市场的制约，当消费品市场景气时，供给和需求会拉动社会投资增加，进而活跃资金市场；②消费需求增加和市场交易对象扩大，会进一步刺激供给增加，使生产规模扩大，这也将导致劳动力市场上对劳动力需求的增加。而消费品供给的满足程度，又直接决定了劳动力的质量。

（二）生产资料市场

1. 定义

生产资料市场是交换人们在物质资料生产过程中所需要使用的劳动工具、劳动对象等商品的市场。例如，生产所需的原材料、机械设备、仪表仪器等，都是生产资料市场的客体。

2. 特点

与消费品市场相比，生产资料市场的特点是：①在生产资料市场上所交换的商品大部分是初级产品和中间产品，而不是最终产品。这些商品主要用于生产过程，交换主要是在生产企业之间进行，其流通广度比消费品要小；②市场交易的参与者是单纯的生产部门，属生产性消费，购买数量大，价值高，专业性强，交易方式多是大宗交易或订货交易，供销关系比较固定；③生产资料市场需求属于派生性、引致性需求。由于生产资料不是最终产品，而只是为消费品生产提供条件，因此，对生产资料需求的规模、种类和数量，取决于社会对于消费品需求的状况，因而它是一种从消费品需求派生性、引致性的需求。

3. 作用

从生产资料市场的作用看，它集中反映了中间产品和初级产品的供求关系，为各企业生产过程提供物质条件，在社会再生产过程中起着中介作用。它的供求状况集中代表了社会物质资源配置的效率和比例情况。因此，生产资料市场运作得愈是有效率，社会再生产的运行便愈是通畅。它作为联结生产资料生产过程和生产资料消费过程的桥梁，其发展意味着社会再生产的扩大。

（三）金融市场

1. 定义

金融市场是资金的供应者与需求者进行资金融通和有价证券买卖的场所，是货币资金借贷和融通等关系的总和。在现实中，金融市场既可以有固定地点和相应的工作措施，也可以没有固定场所，由参加交易者利用电信等手段进行联系洽谈来完成交易。按交易期限划分，通常把经营一年期以内货币融通业务的金融市场称为货币市场，把经营一年期以上中长期资金的借贷和证券业务的金融市场称为资本市场。按照交易标的物不同划分，可分为票据市场、证券市场和黄金市场；按照证券的新旧标准不同为标准，可分为证券发行市场（一级市场）和证券转让市场（二级市场）；按成交后是否立即交割，可分为现货市场和期货市场。

2. 作用

金融市场作为价值形态与各要素市场构成相互依存、相互制约的有机整体，它的作用主要有以下几个方面：一是通过各种金融资产的买卖交易，为资金供给方和资金需求方提供双方直接接触和多种选择的机会，因而能对资金进行高效率的筹集和分配；二是通过金融市场可以提高金融证券的流动性，使社会融资规模和范围更大，并降低融资成本；三是金融市场的发展，为中央银行运用存款准备金率、再贴现率、公开市场业务等手段进行宏观调控，创造了作用空间和操作条件。中央银行可根据金融市场上灵敏反映市场资金供求的经济金融信息，制定正确的货币政策，以确定货币供应量和信贷规模，保证重点建设资金需要，促进经济结构的调整。

（四）劳动力市场

1. 定义

劳动力市场是交换劳动力的场所，即具有劳动能力的劳动者与生产经营中使用劳动力的经济主体之间进行交换的场所，是通过市场配置劳动力的经济关系的总和。劳动力市场交换关系表现为劳动力和货币的交换。

2. 特点

劳动力市场与一般商品市场相比具有以下特点：一是以区域性市场为主。劳动力市场和其他商品市场一样，也应是全国统一的市场。但是，由于社会生产力在各地区发展水平不平衡，原始手工业、传统的大机器和现代技术产业并存，劳动力的素质相差悬殊，职业偏见的存在，再加上地区分割等，阻碍了劳动力在全国范围流动，大多数只能在区域内运转，只有少数高科技人才可在全国范围内流通，从而形成的主要是区域性市场；二是进入劳动力市场的劳动力的范围是广泛的，一切具有劳动能力并愿意就业的人都可以进入劳动力市场。我国由于劳动力资源丰富，随着科技进步、劳动生产率不断提高，以及经济体制改革的进行，农村出现剩余劳动力，加上国有企业和国家机关的富余人员，因而在一个相当长的时间里，我国劳动力供大于求，形成买方市场；三是劳动力的合理配置主要是通过市场流动和交换实现的，市场供求关系调节着社会劳动力在各地区、各部门和各企业之间的流动；劳动报酬受劳动力市场供求和竞争的影响，劳动力在供求双方自愿的基础上实现就业。劳动力的市场配置行为，不可避免地会出现劳动者由于原有的劳动技能不能适应新的经济结构的变化而产生的结构性失业现象。

3. 作用

第一，对劳动力质量进行评价。劳动力的质量可以通过劳动力价格反映出来，综合反映了供求双方的意愿，是客观的，公平的。第二，实现劳动力资源的合理配置。建立劳动力市场是市场经济条件下实现人力资源优化配置的有效手段。劳动力市场的作用是调节劳动力的供求关系，使劳动力与生产资料的比例相适应，实现劳动力合理配置，使企业提高劳动生产率，提高经济效益，保证社会再生产的正常进行。第三，促使劳动者不断提高自身的业务技术素质。劳动者能否在有限的工作岗位的竞争中获胜以及取得报酬的多少，主要取决于本人的业务技术素质的高低。

（五）房地产市场

1. 定义

房地产市场是从事地产和房产交易活动的市场，具体分为地产市场与房产市场。地产市场主要是进行土地使用权的交易和转让；房产市场主要是进行房屋的交易和转让。

2. 特点

房地产市场的特点是：一是经营对象具有地域性，并且是非流动性商品；二是房地产价格具有上浮性。随着经济的发展，建筑地段级差地租不断上涨，从而促进土地使用权价格上升，房屋价格也随之上升；三是具有垄断性。因为土地是有限的，优等地更有限，这就造成了土地使用权的垄断。

3. 作用

发展房地产市场有利于促进住宅商品化和土地有偿使用，有利于缓解需求大于供给的矛盾，提高土地利用率，防止国有资产价值流失，并可为建筑技术、建材工业及其他相关行业的发展提供广阔前景。

（六）技术市场

1. 定义

技术市场所交换的商品是以知识形态出现的。它是一种特殊的商品，有多种表现形态：有软件形式（程序、工艺、配方、设计图等），咨询、培训等服务形式，以及买方需要的某种战略思想、预测分析、规划意见、知识传授等都可构成技术商品。

2. 特点

技术市场的特点是：①技术商品是知识商品，它以图纸、数据、技术资料、工艺流程、操作技巧、配方等形式出现；②技术商品交易实质是使用权的转让；③技术商品转让形式特殊，往往通过转让、咨询、交流、鉴定等形式，直到买方掌握了这项技术，交换过程才完成；④技术商品价格确定比较困难，价格往往由买卖双方协商规定。

3. 作用

技术市场在我国经济发展中具有重要作用。它同科技经济发展之间存在着良性循环的关系；它能促进科技成果迅速转化为现实的生产力；它有利于科研与生产的密切结合；它能促进科技人员合理流动，优化科技人才的合理配置，有利于减少人才资源的浪费。

（七）信息市场

1. 定义

信息是事物的内容、形式、事物之间的联系及其发展变化的反映，它一般表现为信号、消息、情报、科研成果、资料等。信息市场是指信息商品交换、流通的场所或领域及信息交换关系的总和。信息市场上流通的信息具有商品属性，这不仅仅限于经济信息，还包括其他各种信息。只要以商品的形式存在，都可以进入信息市场进行交换。

2. 特点

信息商品的特殊性决定了信息市场的特点，表现为：一是交易活动具有多次性。由于信息交易并不是让渡所有权而是使用权，因此，同一信息商品可以在其有效时间内多次、反复出卖；二是交换具有间接性。即需求者不一定通过直接交换方式获得信息，而是可以通过广播、电视、报刊等获得信息；三是交易具有很强的时效性，随时间的推移和条件变化，其使用价值会失效。

3. 作用

信息市场的发展、信息的商品化，对社会经济的发展起着明显而重要的作用：一是为社会生产和流通提供大量有效的信息资源，有利于促进经济发展；二是为企业提供必要的市场需求信息，有利于提高企业的竞争能力和应变能力；三是为消费者提供有关商品供应信息，是促进销售的有利手段。信息市场发挥着中介作用，是沟通产、供、销的桥梁，信息是企业经营管理的重要资源。

第三章 经济管理的宏观与微观

第一节 经济发展模式与宏观管理目标

一、传统经济发展模式的基本特征及其运行轨迹

与经济体制模式相联系，我国的经济发展模式也经历了一个从传统模式向新模式的转变。为了把握新发展模式的基本内容和特征，我们需要从历史演变的角度，回顾传统经济发展模式及其转变。

（一）传统经济发展模式的基本特征

1. 以高速度增长为主要目标

在这样一个发展模式中，经济增长速度一直是处于最重要的中心地位。然而，这又是以赶超先进国家为中心而展开的。在这样一种以高速度增长为主要目标的赶超发展方针指引下，追求产量、产值的增长成为宏观经济管理的首要任务。

2. 以超经济的强制力量为手段

从战略指导思想来说，主张从建立和优先发展重工业入手，用重工业生产的生产资料逐步装备农业、轻工业和其他产业部门，随后逐步建立独立、完整的工业体系和国民经济体系，并逐步改善人们的生活。在这一战略思想的引导下，我们一直把重工业，特别是重加工业作为固定的经济建设重心，实行倾斜的超前发展。然而，在一个基本上是封闭自守的经济系统中，这种倾斜的超前发展基本上或者完全依靠国内积累的建设资金。由于重工业的优先发展需要大量资金，国家只好采取超经济的强制力量，以保证这种倾斜的超前发展。因此、这种倾斜的超前发展实质上是以农业、轻工业等产业部门的相对停滞为代价的。

3. 以高积累、高投入为背景

为了通过倾斜的超前发展，迅速建立和形成一个独立、完整的工业体系和国民经济体系，就需要有高积累、高投入，以便大批地建设新的项目。因此，经济发展是以外延扩大

作为基本方式的。在这样的发展模式下，大铺摊子，拉长基建战线，一哄而上，竞相扩展等现象，已成为必然的反映。

4. 一种封闭式的内向型经济发展模式

虽然，在这一发展模式下也存在着一定的对外经济技术交流关系，但通过出口一部分初级产品和轻工业产品换回发展重工业所需的生产资料，最终是为了实现经济上自给自足的目标，而且这种对外经济关系被限制在一个极小的范围内。因此，从本质上说，这是一种封闭式的内向型经济发展模式。在这一发展模式下，经济的自给自足程度就成为衡量经济发展程度的重要标志。这种传统的经济发展模式是一定历史条件下的特定产物，有其深刻的历史背景。传统经济发展模式受其历史局限性和主观判断错误的影响，存在着自身固有的缺陷。

（二）传统发展模式下经济的超常规发展轨迹

为了全面考察传统发展模式，并对其做出科学的评价，我们需要进一步分析传统发展模式下经济发展的轨迹。从总体上说，在传统发展模式下，我国的经济发展经历了一个偏离世界性标准的进程，留下了超常规的发展轨迹，其主要表现在以下几个方面：

1. 总量增长与结构转换不同步

我国的结构转换严重滞后于总量增长，近年来，短缺与过剩并存已成为普遍现象，这种滞后严重制约了总量的均衡与增长。

2. 产业配置顺序超前发展

我国在产业配置顺序上的超前发展，比一般后发展国家更为显著。重加工业的超前发展，导致了农业、轻工业和基础工业先天发育不足以及产业之间产生的严重矛盾。因为，重加工业的超前发展是基于超经济强制地约束农业经济的发展。农业劳动生产率增长缓慢的同时，重加工业的超前发展严重损害了轻工业的发展。轻工业发展不足，使积累的主要来源的转换没有顺利实现，这不仅直接影响了农业承担积累主要来源的重大压力，而且未能完成满足资金密集型基础工业发展需要的历史任务。在资金积累不足的情况下，基础工业发展严重滞后，成为国民经济的关键性限制因素。

3. 高积累、高投入与低效益、低产出相联系

在我国工业化体系初步建立以后，那些曾经塑造了我国工业化体系的条件，如低收入、高积累和重型产品结构等，却反过来成为束缚自身继续发展的因素，从而造成高积累、高投入与高效益、高产出的错位，使国民经济难以走上良性循环的轨道。

4. 农、轻、重之间的互相制约超乎寻常

在我国经济结构变动中，却出现了农、轻、重之间形成强大的相互制约力，三者产值平分天下的僵持局面。不仅农业与工业之间的结构变动呈拉锯状，而且轻工业与重工业之间的结构变动也是反反复复。这种农、轻、重大结构的势均力敌状态，造成较多的摩擦，使各种经济关系难以协调。

除以上几个主要方面之外，我国经济发展的超常规轨迹还表现在许多方面，如产业组织结构失衡，区域经济发展结构失衡，资源与生产能力错位；技术结构发展迟缓，中低技术繁衍等。这些都从不同的侧面反映了传统发展模式下我国经济发展非同寻常的特殊性。

二、新的经济发展模式的选择

传统的经济发展模式虽然在特定的历史条件下起过积极的作用，但由于其本身的缺陷以及条件的变化，已造成了不少严重问题。因此，要对经济发展模式做出新的选择。新的经济发展模式的选择，既要遵循经济发展的一般规律，又要充分考虑到我国经济发展进程中的基本特征，同时还要正视我们正面临的压力和挑战。

（一）我国经济发展进程的基本特征

从传统经济向现代经济转化，是一个世界性的历史过程，任何一个国家的经济发展都会受到支配这个进程的共同规律的影响，从而表现出具有统计意义的经济高速增长和变动的状态。但是，由于各国经济发展的历史背景和内外条件不同，在其经济发展进程中会出现差异，有时甚至是极大的偏差。因此，在把握经济发展共同规律的基础上，必须研究各国从传统经济向现代经济转化中的特殊性。

与其他国家相比，我国经济发展的历史背景和内外条件更为特殊，不仅与发达国家有明显的差别，而且与一般发展中国家也不相同。这就不可避免地使我国经济发展走出了一条与众不同的道路。我国经济发展进程中的基本特征，可以归纳为"三超"，即超后发展国家、超大国经济和超多劳动就业人口。这三个基本特征，不仅构造了我国经济发展的基本性状，而且也界定了我们选择经济发展战略的可能性空间，决定了我国经济发展非同一般的超常规轨迹。

（二）向新的经济发展模式转变

尽管新的经济发展模式不是对传统经济发展模式的彻底否定，而是对其的扬弃，但两者之间存在着本质的区别。

1. 经济模式转变

传统经济发展模式向新经济发展模式的转变，是一种革命性的转变，历史性的转变。具体来说，有以下几个方面的本质性转变：①发展目标的转变，即由以单纯赶超发达国家生产力水平为目标转变为以不断改善人民的生活，由温饱型向小康型过渡为目标；②发展重心的转变，即由追求产值产量的增长转变为注重经济效益，增长要服从经济效益的提高；③发展策略的转变，即由超前的倾斜发展转变为有重点的协调发展，在理顺关系的基础上突出重点；④发展手段的转变，即由以外延型生产为主转变为以内涵型生产为主，提高产品质量，讲究产品适销对路；⑤发展方式的转变，即由波动性增长转变为稳定增长，稳中求进，尽量避免大起大落，反复无常。

2. 经济体制改革

这种经济发展模式转变的实现，从根本上说，有赖于经济体制改革的成功。传统的经济体制不可能保证新的经济发展模式的实现，所以，经济体制模式的转变是实现新经济发展模式的根本保证。在此基础上，建立新的经济发展模式要着力于以下几个方面：①对国民经济进行较大的调整；②要确立新的经济理论、思想观念和政策主张；③要端正政府和企业的经济行为。

三、新经济发展模式下的宏观管理目标

从一般意义上说，宏观管理目标是由充分就业、经济增长、经济稳定、国际收支平衡、资源合理配置、收入公平分配等目标构成的完整体系。但在不同的经济发展模式下，宏观管理目标的组合、重点以及协调方式是不同的。因此，随着传统经济发展模式向新的发展模式的转变，宏观管理目标的性质也会发生重大变化。

（一）宏观管理目标之间的交替关系

宏观管理目标之间存在着固定的关联。这种关联有两种类型：一种是互补关系，即一种目标的实现能促进另一种目标的实现；另一种是交替关系，即一种目标的实现对另一种目标的实现起排斥作用。在宏观经济管理中，许多矛盾与困难往往就是由这种目标之间的交替关系所引起的。这种目标之间的交替关系主要有以下几种：

1. 经济增长和物价稳定之间的交替关系

为了使经济增长，就要鼓励投资，而为了鼓励投资，一是维持较低的利息率水平；二是实际工资率下降，使投资者有较高的预期利润率。前者会引起信贷膨胀，货币流通量增大；后者需要刺激物价上涨。

在供给变动缓慢的条件下，经济增长又会扩大对投资品和消费品的总需求，由此带动物价上涨。在各部门经济增长不平衡的情况下，即使总供求关系基本平衡，个别市场的供不应求也会产生连锁反应，带动物价上涨。

2. 经济效率与经济平等之间的交替关系

经济效率目标要求个人收入的多少依经济效率高低为转移、从而要求拉开收入差别。同样，它也要求投资的收益多少依经济效率高低为转移，以此来刺激投资与提高投资效益。然而，经济平等目标要求缩小贫富收入差距，这样社会的经济效率就会下降。同样，忽视投资收益的差别，使利润率降低，就会削弱投资意向，难以实现资源配置的优化。

因此，经济效率与经济平等（收入均等化）不可能兼而有之。在一定限度内，强调平等，就要牺牲一些效率；强调效率，就要拉开收入的差距。

3. 国内均衡与国际均衡之间的交替关系

这里的国内均衡主要是指充分就业和物价稳定，而国际均衡主要是指国际收支平衡。充分就业意味着工资率的提高和国内收入水平的上升，其结果是一方面较高的工资成本不利于本国产品在国际市场上的竞争，从而不利于国际收支平衡；另一方面对商品的需求增加，在稳定物价的条件下，不仅使商品进口增加，而且要减少出口，把原来准备满足国外市场需求的产品转用于满足国内扩大了的需求，于是国际收支趋于恶化。

如果要实现国际收支平衡目标，那么一方面意味着外汇储备增加，外汇储备增加意味着国内货币量增加，这会造成通货膨胀的压力，从而不利于物价稳定；另一方面，消除国际收支赤字需要实行紧缩，抑制国内的有效需求，从而不利于充分就业目标的实现。

宏观管理目标之间的交替关系决定了决策者必须对各种目标进行价值判断，权衡其轻重缓急，斟酌其利弊得失，确定各个目标的数值的大小，确定各种目标的实施顺序，并尽量协调各个目标之间的关系，使所确定的宏观管理目标体系成为一个协调的有机整体。

（二）新发展模式下宏观管理目标的转变

决策者是依据什么来对各种具有交替关系的目标进行价值判断，权衡轻重缓急，斟酌利弊得失，使其形成一个有机整体的呢？其中最重要的依据，就是经济发展模式。

从这个意义上来说，经济发展模式决定了宏观管理目标的性质。有什么样的经济发展模式，就有什么样的宏观管理目标。宏观管理目标体系中各个目标数值的大小，各种目标实施的先后顺序，都是服从于经济发展模式需要的。

在传统经济发展模式下，宏观管理目标所突出的是经济增长与收入分配均等化，并以其为核心构建了一个宏观管理目标体系。在这个宏观管理目标体系中，经济增长目标优先于结构调整目标；收入分配均等化目标优先于经济效率目标，其他一些管理目标都是围绕着这两个目标而展开的。

按照国外经济学的观点，经济增长和收入分配均等化之间也是一种交替关系。因为充分就业条件下的经济增长会造成通货膨胀，而通货膨胀又会使货币收入者的实际收入下降，使资产所有者的非货币资产的实际价值上升，结果发生了有利于后者而不利于前者的财富和收入的再分配。

当传统经济发展模式向新的经济发展模式转变之后，这种宏观管理目标体系已很难适应新经济发展模式的需要。以协调为中心的从效益到数量增长的发展模式要求用新的价值判断准则对各项管理目标进行重新判断，在主次位置、先后顺序上实行新的组合。

按照新的经济发展模式的要求，宏观经济管理目标首先应该突出一个效益问题，以效益为中心构建宏观管理目标体系。具体地说，围绕着经济效益目标，讲求经济稳定和经济增长，在"稳中求进"的过程中，实现充分就业、收入分配公平、国际收支平衡等目标。当然，这种宏观管理目标体系，诸目标之间仍然存在着矛盾与摩擦，需要根据各个时期的具体情况加以协调。

（三）新发展模式下宏观管理目标的协调

从我国现阶段的实际情况来看，新的发展模式下的宏观管理目标的协调，主要有以下几个方面：

1. 实行技术先导

靠消耗大量资源来发展经济，是没有出路的，况且我国的人均资源占有量并不高。因此，发展科学技术，改善有限资源的使用方式，是建立新发展模式的基本要求。

然而，我国大规模的劳动大军和就业压力，无疑是对科技进步的一种强大制约。我们面临着一个两难问题，即扩大非农就业与加快科技进步的矛盾。对于这两者都不可偏废，我们不能脱离中国劳动力过剩的现实来提高科技水平，发展技术密集型经济，而要在合理分工的基础上加快技术进步。

除此之外，我们要把科技工作的重点放在推进传统产业的技术改造上。因为在今后相当长的时间内，传统产业仍将是我国经济的主体，在我国经济增长中仍起着重要作用。但是，传统产业的技术装备和工艺水平又是落后的。因此，要着重推进大规模生产的产业技术和装备的现代化；积极推广普遍运用的科技成果，加速中小企业的技术进步。与此同时，要不失时机地追踪世界高技术发展动向，开拓新兴技术领域，把高技术渗透到传统产业中、并逐步形成若干新兴产业，从而提高我国经济发展水平，使国民经济在科技进步的基础上不断发展。

2. 优化产业结构

合理的产业结构是提高经济效益的基本条件，也是国民经济持续、稳定地协调发展的重要保证。目前，我国产业结构的深刻矛盾，已成为经济发展的严重羁绊，因此，优化产业结构是新发展模式的一项重要任务。

所谓优化产业结构，首先要使其合理化，然后才是相对地使其高级化。产业结构合理化就是要解决由于某些产业发展不足而影响整体结构协调的问题。长期以来，我国加工工业发展过快，而农业、轻工业、基础工业和基础产业则均发展不足，所以，结构合理化的任务是较重的。

3. 改善消费结构

适当的消费水平和合理的消费结构，也是提高经济效益的一个重要条件。我们要根据人们生活的需要来组织生产，但同时也要根据生产发展的可能来确定消费水平，并对消费结构进行正确的引导和调节，不能盲目追随外国的消费结构和消费方式。根据我国人口众多而资源相对不足的国情，我们应该选择适合我国国情的消费模式。

第二节　宏观经济管理中的市场环境

一、完整的市场体系

一个完整的市场体系是由各种生活资料和生产要素的专业市场构成的。因为人们之间的经济关系是贯穿于整个社会再生产过程中的，既包括消费也包括生产，所以，市场关系是通过各种与社会再生产过程有关的要素的交换表现出来的，完整的市场关系应该是一个由各种要素市场构成的体系，一般来说，它包括商品（消费品和生产资料）市场、技术市场、劳动力市场和资金市场。

（一）商品市场

商品市场是由以实物形态出现的消费资料和生产资料市场构成的，它是完整的市场体系的基础。

作为基础产品和中间产品的生产资料市场与社会生产有着重大的直接联系。生产资料市场既反映生产资料的生产规模和产品结构，又对整个固定资产规模及投资效果起制约作用，同时也为新的社会扩大再生产提供必要条件和发挥机制调节作用。因此，生产资料市场实际上是经济运行主体的轴心。

作为最终产品的消费品市场与广大居民生活有着极为密切的关系。该市场的参与者是由生产者和消费者共同构成的，小宗买卖与现货交易较为普遍，交易的技术性要求较低，市场选择性较强。消费品市场不仅集中反映了整个国民经济发展状况，而且涉及广大居民物质和文化生活的所有需求，是保证劳动力简单再生产和扩大再生产的重要条件。因此，消费品市场对整个国民经济发展有重要影响。

生产资料市场与消费品市场虽然有重大的区别，但两者都是以实物形态商品为交换客体的，具有同一性、并以此区别于其他专业市场。

（二）技术市场

技术市场按其经济用途可细分为初级技术市场、配套技术市场和服务性技术市场。这些市场促使技术商品的普遍推广和及时应用，推动技术成果更快地转化为生产力。

由于技术商品是一种知识形态的特殊商品，所以，技术市场的运行具有不同于其他专业市场的特点。

1. 技术市场存在着双重序列的供求关系

技术市场存在着双重序列的供求关系，即技术卖方寻求买方的序列和技术买方寻求卖方的序列。这是因为技术商品有其特殊的生产规律：一方面是先有了技术成果，然后设法在生产过程中推广应用；另一方面是生产发展先提出开发新技术的客观要求，然后才有技术成果的供给。这两种相反的供求关系序列，都有一个时滞问题，从而难以从某个时点上确定市场的供求性状。在技术市场上，供不应求与供过于求，总是同时存在的。

2. 市场的卖方垄断地位具有常态性

由于技术商品具有主体知识载体软件等特征，再生产比第一次生产容易得多，所以，为保护技术商品生产者的利益，鼓励技术商品生产，在一定时期内技术商品要有垄断权。它不允许别人重复生产以前已经取得的技术成果，否则就将受到法律制裁。在一般情况下，每一技术商品都应具有独创性，同一技术商品不允许批量生产。因此，在技术市场上，同一技术商品的卖方是独一无二的，不存在同一技术商品卖方之间的竞争，相反同一技术商品的买方则是众多的，存在着买方之间的竞争，从而在总体上是卖方垄断市场。

3. 市场的交易具有较大的随意性

由于技术商品的使用价值是不确定的，客观上并不能全部转化为生产力；技术商品的价值也不具有社会同一尺度，不存在同一技术商品的劳动比较的可能性，只能转借技术商品使用后的效果来评价，所以，在市场交易时主要由供求关系决定其价格。

4. 市场的交易形式较多的是使用权让渡

由于技术商品作为知识信息具有不守恒性，即它从一个人传递到另一个人，一般都不使前者丧失所传递的信息，因而技术商品的生产者往往在一定时期内，只让渡技术的使用权，而不出卖其所有权。这样，根据技术商品的传递特点，生产者就可以向多个需求者让渡其技术使用权，这是其他专业市场所不具有的交易方式。

（三）劳动力市场

劳动力市场在商品经济发展中起着重要作用。它使劳动力按照供求关系的要求进行流动，有利于劳动力资源的开发和利用，以满足各地区、各部门和各企业对劳动力的合理需求，实现劳动力与生产资料在质和量两方面的有机结合。同时，劳动力市场的供求竞争也有利于消除工资刚性和收入攀比的弊端，调整收入分配关系，促使劳动者不断提高自身素质，发展社会所需要的技能。

（四）资金市场

在发达的商品经济中，资金市场是市场体系的轴心。资金市场按期限长短可细分为货币市场和资本市场。前者主要用来调节短期资金。它通过银行之间的拆放、商业票据的贴现、短期国库券的出售等方式，融通短期资金，调剂资金余缺，加快资金周转，提高资金利用率。后者主要是用来进行货币资金的商品化交易，把实际储蓄转变为中长期的实际投资。它通过储蓄手段吸收社会多余的货币收入，通过发行公债、股票、债券等形式筹集长期资金，通过证券交易流通创造虚拟信贷资金，从而加速资金积累与集中，为社会再生产规模的扩大创造条件。

在资金市场上，信贷资金作为商品，既不是被付出，也不是被卖出，而只是被贷出，并且这种贷出是以一定时期后本金和利息的回流为条件的，从而资金商品具有二重价值，即资金本身的价值和增值的价值。此外，资金商品的贷出和流回，只表现为借贷双方之间法律契约的结果，而不表现为现实再生产过程的归宿和结果。

（五）市场体系的结构均衡性

作为一个市场体系，不仅是全方位开放的市场，而且各个市场之间存在着结构均衡的客观要求。这是市场主体之间经济关系得以完整反映的前提，也是宏观间接控制的必要条件。

1. 市场门类的完整性

在商品经济条件下，市场是人们经济活动的主要可能性空间。在这个活动空间中，人们不仅要实现商品的价值，更为重要的是，人们为价值创造而进行生产要素配置。价值实现与价值创造的一致性，要求市场必须全方位开放，具有完整性。残缺的市场体系不仅使现有的市场不能充分发挥作用，而且会妨碍整个经济运行一体化。

2. 市场规模的协调性

一个市场体系的功能优化不在于某类市场规模的大小，而在于各类市场规模的协调效应。所以，各类市场的活动量必须彼此适应，协调有序。任何一类市场的"规模剩余"和"规模不足"都将导致市场体系结构失衡及其功能的衰减。

3. 市场信号的协同性

各类市场之间的联系程度取决于市场信号之间的协同能力。只有当某一市场信号能及时转换成其他市场的变化信号，产生市场信号和谐联动时，市场体系才具有整体效应，从而才能对经济进行有效调节。

总之，市场体系的结构完整和均衡，是市场活动正常进行的基本条件，也是间接控制的必要条件之一。否则，间接控制就无法从总体上把握经济运行的状况，也无法综合运用各种经济杠杆进行宏观调控。

二、买方的市场主权

在市场竞争关系中，商品供给等于某种商品的卖者或生产者的总和，商品需求等于某种商品的买者或消费者的总和。这两个总和作为两种力量集合互相发生作用，决定着市场主权的位置：以买方集团占优势的"消费者主权"或者以卖方集团占优势的"生产者主权"。这两种不同的竞争态势，对整个经济活动有不同的影响。宏观间接控制所要求的是"消费者主权"的买方市场。

（一）市场主权归属的决定机制

在买方与卖方的竞争中，其优势的归属是通过各自集团内部的竞争实现的。因为竞争关系是一种复合关系，即由买方之间争夺同一卖方的竞争和卖方之间争夺同一买方的竞争复合而成。买方之间的竞争，主要表现为竞相购买自己所需的商品；卖方之间的竞争，主要表现为竞相推销自己所生产的商品。在这一过程中，究竟哪一方能占据优势，掌握市场主权，取决于双方的内部竞争强度。如果买方之间的竞争强度大，消费者竞相愿出更高的价钱来购买商品，必然会抬高商品的售价，使卖方处于优势地位。如果卖方之间的竞争强度大，生产者彼此削价出售商品，则必然会降低商品的售价，使买方处于优势地位。

（二）市场主权不同归属的比较

市场主权归属于买方还是卖方，其结果是截然不同的。生产者之间竞争强度的增大，会促使生产专业化的发展，有利于商品经济的发展；而消费者之间竞争强度的增大，则迫使大家自给自足的生产，不利于商品经济的发展。因此，"消费者主权"的买方市场较之"生产者主权"的卖方市场有更多的优越性，具体表现在以下几点：

1. 消费者控制生产者有利于实现生产目的

在生产适度过剩的情况下，消费者就能扩大对所需商品进行充分挑选的余地。随着消费者选择的多样化，消费对生产的可控性日益提高，生产就不断地按照消费者的需要进行。与此相反，卖方市场是生产者控制消费者的市场。在有支付能力的需求过剩的情况下，生产者生产什么，消费者就只能消费什么；生产者生产多少，消费者就只能消费多少。消费者被迫接受质次价高、品种单调的商品，其正当的权益经常受到损害。

2. 买方宽松的市场环境有利于发挥市场机制的作用

在平等多极竞争中，产品供给适度过剩，可以提高市场信息效率，使价格信号较为准确地反映供求关系，引导资金的合理投向，使短线产品的生产受到刺激，长线产品的生产受到抑制。在产品供给短缺时，强大的购买力不仅会推动短线产品价格上涨，而且也可能带动长线产品价格上涨，市场信息效率低下，给投资决策带来盲目性。

3. 消费者主权有利于建立良性经济环境

产品供给适度过剩将转化为生产者提高效率的压力，生产效率的提高将使产品价格下降，从而创造出新的大量需求，使供给过剩程度减轻或消失。随着生产效率的进一步提高，又会形成新的生产过剩，这又将造成效率进一步提高的压力，结果仍是以创造新需求来减缓生产过剩。因此，在这一循环中，始终伴随着生产效率的不断提高和新需求的不断创造。在卖方市场中，质次价高的商品仍有销路，效率低下的企业照样生存，缺乏提高效率、降低价格和创造新需求的压力，总是保持着供不应求的恶性循环。

4. 消费者主权有利于资源利用的充分选择

生产者集团内部竞争的强化，将推动生产者采用新技术和先进设备，改进工艺，提高质量，降低成本，并促使企业按需生产、使产品适销对路。消费者集团内部竞争的强化，将使企业安于现状，不仅阻碍新技术和新设备的采用，还会把已经淘汰的落后技术和陈旧设备动员起来进行生产，这势必造成资源浪费，产品质量低下。同时，强大的购买力也会助长生产的盲目性，造成大量的滞存积压产品。可见，消费者主权的买方市场在运行过程中具有更大的优越性。

（三）买方市场的形成

形成买方市场有一个必要前提条件，就是在生产稳定发展的基础上控制消费需求，使之有计划地增长。也就是说，生产消费的需求必须在生产能力所能承受的范围之内，否则生产建设规模过度扩张，就会造成生产资料短缺；生活消费的增长必须以生产力的增长为前提，否则生活消费超前，就会造成生活资料短缺。

在市场信息效率既定的条件下，总体意义上的买方市场可以用总供给大于总需求来表示。由于总供给与总需求的关系受多种因素影响，其变化相当复杂，所以，判断总体意义上的买方市场是比较困难的。一般来说，总量关系的短期变化可能与政策调整有关，总量关系的长期趋势则与体制因素相联系。要形成总体意义上的买方市场，必须从体制上和政策上同时入手，通过政策调整使总需求有计划地增长，为体制改革奠定一个良好的基础，通过体制改革消除需求膨胀机制，提高社会总供给能力，最终形成产品绝对供应量大于市场需求量的买方市场。

总体意义上的买方市场虽然在某种意义上反映了消费者主权，但它并没有反映产品的结构性矛盾。如果大部分有支付能力的需求所对应的是供给短缺的商品，而大量供给的商品所对应的是有效需求不足的购买力，那么即使存在总体意义上的买方市场，也无法保证消费者市场的主体地位。因为从结构意义上考察，有相当部分的供给都是无效供给，真正的有效供给相对于市场需求仍然是短缺的，实质上还是卖方市场。所以，完整的买方市场是总量与结构相统一的供大于求的市场。结构意义上的买方市场的形成，主要在于产业结构与需求结构的协调性。一般来说，当一个国家的经济发展达到一定的程度，基本解决生活温饱问题后，需求结构将产生较大变化，如果产业结构不能随之调整，就会导致严重的结构性矛盾。因此，关键在于产业结构转换。但由于生产要受到各种物质技术条件的约束，产业结构的转换具有较大刚性，所以也要调整需求结构，使之有计划地变化，不能过度迅速和超前。

个体意义上的买方市场形成，在很大程度上取决于具体商品的供需弹性。一般来说，供给弹性小的商品，容易形成短期的买方市场。需求弹性小的商品，如果需求量有限，只要生产能力跟得上，还是容易形成买方市场的。需求弹性大的商品，一般有利于形成买方市场，但如果受生产能力的制约、尽管需求量有限，也不易形成买方市场。需求弹性大，供给弹性小的商品，因销售者不愿库存商品，宁愿削价出售，在一定程度上有利于买方市场的形成。需求弹性大，供给弹性也较大的商品，如服装等，则主要取决于需求量与生产量的关系，只要社会购买力有一定限量，生产能力跟得上，就有可能形成买方市场。

三、多样化的市场交换方式

多样化的市场交换方式是较发达市场的基本标志之一、是市场有效运行的必要条件。它反映了市场主体之间复杂的经济关系和联结方式。各种不同功效的市场交换方式的组合，使交换过程的连续性与间断性有机地统一起来，有利于宏观间接控制的有效实施。多样化的市场交换方式包括现货交易、期货交易和贷款交易三种基本类型。

（一）现货交易市场

1. 现货交易的基本特性

现货交易的基本特性表现为：①它是单纯的买卖关系，交换双方一旦成交，便"银货两讫"，不存在其他条件的约束；②买卖事宜的当即性，交换双方只是直接依据当时的商品供求状况确定商品价格和数量，既不能预先确定，也不能事后了结；③买卖关系的实在性，成交契约当即付诸实施，不会出现因延期执行所造成的某种虚假性。现货交易方式，无论从逻辑上，还是历史上来说，都是最古老、最简单、最基本的交换方式。因为大部分商品按其自身属性来说，适宜于这种交换方式。

2. 现货交易对商品经济的调节

现货交易市场是建立在由生产和消费直接决定的供求关系基础上的，其最大的特点是随机波动性。市场价格和数量都不能预先确定，而要根据即时供求关系确定。人们对未来商品交易价格和数量的预期，也只是以当前的价格和数量以及其他可利用的资料为基础。这一特点使现货交易市场对商品经济运行具有灵活的调节作用，具体表现在：①有利于竞争选择，释放潜在的经济能量。市场的波动性是实行竞争选择的前提条件之一。市场的波动越大，竞争选择的范围越广，竞争选择的强度越大，所以，现货交易市场的竞争选择机制作用较为明显；②有利于掌握真实的供求关系，对经济活动进行及时的反馈控制。除了投机商人囤货哄价，在一般情况下，现货交易价格信号能比较直接地反映实际供求状况，并且反应较为灵敏。这有助于企业对自身的经营做出及时调整，也便于政府及时采取相应的经济手段调控市场；③有助于及时改善供求关系，防止不良的扩散效应和联动效应。由于现货交易关系比较单一和明朗，该市场的价格波动往往具有暂时性和局部性，至多波及某些替代商品和相关商品的供求关系，不会引起强烈的连锁反应。

当然，现货交易方式也有其消极作用。在现货交易市场上，当前供求的均衡是通过无数次偶然性的交换达到的，市场价格的涨落幅度较大，价格信号较为短促，市场风险较大。这些容易引起企业行为短期化，投资个量微型化，投资方向轻型化等倾向，不利于经济的稳定发展。

（二）期货交易市场

1. 期货交易的基本特性

期货交易的基本特性表现为：①它不仅是买卖关系，而且还是一种履行义务的关系，即买进期货者到期有接受所买货物的义务，卖出期货者到期有支付所卖货物的义务；②对于期货交易来说，成交仅仅意味着远期交易合同的建立，只有到了未来某一时点的银货交割完毕，交易关系才算终结，从成交到交割要延续一段时间；③期货买卖成交时，并不要求买卖双方手头有现货，不仅如此，在未到交割期以前，买卖双方还可以转卖或买回。所以，期货交易具有投机性，会出现买进卖出均无实物和货款过手的"买空卖空"。

2. 期货交易市场的组成

套期保值者和投机者都是期货交易市场的主要人群，前者参与期货交易是为了减少业务上的风险，后者参与期货交易是为了牟取利润而自愿承担一定的风险。在该市场上，投机者是必不可少的。首先，由于商品的出售是"惊险的一跃"，套期保值者更愿意销售期货，如果期货市场全由套期保值者组成，则购买期货的需求一方总是相对微弱的，所以需要通过投机者的活动来调整期货供求之间的不平衡；其次，由于套期保值者不愿承担风险，单由他们的交易而达成的期货价格通常是不合理的，要大大低于一般预期价格。当投机者参与市场活动后，只要期货价格低于他们的预期价格，他们就会买进期货以牟取利润，这种敢于承担风险的行为会把期货价格提高到一个更为合理的水平。因此，期货市场必须由这两部分人组成，才具有合理性、流动性和灵活性。

3. 预期确定性

期货交易市场是建立在未来供求关系预先确定基础上的，其最大特点是预期确定性。期货市场的特点决定了它对经济运行的稳定性具有积极作用，具体表现在：①有利于生产者转移风险、套期保值，保证再生产过程的正常进行。生产者通过出售或购进期货，就可以避免市场价格波动带来的损失，例如，就销售者来说，如果期内价格下跌，并反映在期货价格上，期货合同的收益将有助于弥补实际销售因价格下跌带来的损失。如果期内价格上涨，期货头寸的损失同样会由实际销售因价格上涨带来的收益所抵补。这样，生产者就能免受市场风险干扰而安心生产。②有利于市场价格的稳定，减轻市场波动。在该市场上，投机者利用专门知识对商品期货价格做出预测，并承担价格风险进行"多头"和"空头"的投机活动。当供给的增加会引起价格大幅度下降时，他们就买进存货并囤积起来，以便在以后以有利的价格抛出，这样就维持了现期价格。当供给短缺时，他们抛出存货，因而防止了价格猛涨。③有利于提高市场预测的准确度，产生对将来某一时点上的收益曲线形状和价格水平的较为合理的预期。期货价格反映了许多买方与卖方对今后一段时间内供求关系和价格状况的综合看法。这种通过把形形色色的个别分散的见解组合成一个易识别的预测量，虽然不能说是完全正确的，但总比个别的一次性的价格预测更准确和更有用。④有利于完善信息交流，促进市场全面竞争。期货市场作为买卖双方为未来实际交易而预先签订契约的中心，不仅使买卖双方互相了解其对方的情况，减少了互相寻找的盲目性，而且使各种短期与长期的信息大量汇集，扩大了可利用的市场信息范围。

期货交易市场虽然有利于消除因人们对商品价格和数量预期不一致所引起的不均衡，但它仍然不可能消除由于社会需求心理或资源不可预料的变化而产生的不均衡，以致人们经常发现自己不愿意或不能够购销他们曾经计划购销的商品，而不得不另行增加现货交易，或用现货交易抵销合同。另外期货市场也具有某种负效应的调节作用，如对期货价格的投机也许会成为支配价格的真实力量，从而价格就会因投机者操纵而剧烈波动，对经济产生危害。

（三）贷款交易市场

贷款交易是通过信贷关系所进行的商品交易，它反映了银货交割在时间上的异步性，即市场主体之间成交后，或者是以现在的商品交付来换取将来收款的约定，或者是以现在的货币交付来换取将来取货的约定。前者称为延期付款交易，后者称为预先付款交易。

延期付款交易有助于刺激有效需求，适宜于商品供大于求状况；预先付款交易有助于刺激有效供给，适宜于商品供不应求状况。这两种交易方式都是一笔货币贷款加上一宗商品交换，所不同的是：前者是卖方贷款给买方所进行的现货交易，属于抵押贷款，以卖方保留商品所有权为基础；后者是买方贷款给卖方所进行的期货交易，属于信用贷款，以卖方的信用为基础。

可见，贷款交易无非是在现货和期货交易基础上又增加了借贷关系的交易方式。这是一种更为复杂的交易方式，它具有以下基本特性：①在商品交换关系中渗透着借贷的债权债务关系，现期交付货物或货款的一方是债权人，远期交付货款或货物的一方则是债务人。他们在商品交换中也就实现了资金融通；②贷款交易在完成一般商品交换的同时提供了信贷，从而使受贷者在商品交换中获得提前实现商品使用价值或价值的优惠，即买方受贷者能提前实现商品使用价值的消费，卖方受贷者能提前实现商品的价值；③贷款交易虽然是成交后其中一方的货物或货款当即交付，但另一方的货款或货物交付总是要延续到以后某一日期才完成。

贷款交易市场是建立在再生产过程中直接信用基础上的，其最大的特点是信用关系连锁性。在该市场的商品交换中，借贷关系随着商品生产序列和流通序列不断发生，从而会使彼此有关的部门和行业连接起来。

第三节　消费者、生产者与市场

一、消费者理论

（一）消费者行为理论模型

1. 彼得模型

彼得模型俗称轮状模型图，是在消费者行为概念的基础上提出来的。它认为消费者行为和感知与认知，行为和环境与营销策略之间是互动和互相作用的。彼得模型可以在一定程度感知与认知上解释消费者行为，帮助企业制定营销策略。消费者行为分析轮状模型图，包括感知与认知、行为、环境、营销策略四部分内容，如下所示：①感知与认知是指消费者对于外部环境的事物与行为刺激可能产生的人心理上的两种反应，感知是人对直接作用于感觉器官（如眼睛、耳朵、鼻子、嘴、手指等）的客观事物的个别属性的反映。认知是人脑对外部环境做出反应的各种思想和知识结构。②行为，即消费者在做什么。③环境是指消费者的外部世界中各种自然的、社会的刺激因素的综合体。例如，政治环境、法律环境、文化环境、自然环境、人口环境等。④营销策略指的是企业进行的一系列的营销活动，包括战略和营销组合的使用，消费者会采取一种什么样的购买行为，与企业的营销策略有密切的关系。感知与认知、行为、营销策略和环境四个因素有着本质的联系。

感知与认知是消费者的心理活动，心理活动在一定程度上会决定消费者的行为。通常来讲，有什么样的心理就会有什么样的行为。相对应地，消费者行为对感知也会产生重要影响。营销刺激和外在环境也是相互作用的。营销刺激会直接地形成外在环境的一部分、而外面的大环境也会对营销策略产生影响。感知与认知、行为与环境、营销策略是随着时间的推移不断地产生交互作用的。消费者的感知与认知对环境的把握是营销成功的基础，而企业的营销活动又可以改变消费者行为、消费者的感知与认知等。但不可否认，营销策略也会被其他因素所改变。

2. 霍金斯模型

霍金斯模型是由美国心理与行为学家 D. I. 霍金斯（Del I. Hawkins）提出的，是一个关于消费者心理与行为和营销策略的模型，此模型是将心理学与营销策略整合的最佳典范。

霍金斯模型，即消费者决策过程的模型，是关于消费者心理与行为的模型，该模型被称为将心理学与营销策略整合的最佳典范。

霍金斯认为，消费者在内外因素影响下形成自我概念（形象）和生活方式，然后消费者的自我概念和生活方式导致一致的需要与欲望产生，这些需要与欲望大部分要求以消费行为获得满足与体验。同时，这些也会影响今后的消费心理与行为，特别是对自我概念和生活方式起调节作用。

自我概念是一个人对自身一切的知觉、了解和感受的总和。生活方式是指人如何生活。一般而言，消费者在外部因素和内部因素的作用下首先形成自我概念和自我意识，自我概念再进一步折射为人的生活方式。人的自我概念与生活方式对消费者的消费行为和选择会产生双向的影响：人们的选择对其自身的生活方式会产生莫大的影响，同时人们的自我概念与现在的生活方式或追求的生活方式也决定了人的消费方式、消费决策与消费行为。

另外，自我概念与生活方式固然重要，但如果消费者处处根据其生活方式而思考，这也未免过于主观，消费者有时在做一些与生活方式相一致的消费决策时，自身却浑然不觉，这与参与程度有一定的关系。

3. 刺激—反应模型

（1）刺激—中介—反应模型

这一模型是人的行为在一定的刺激下通过活动，最后产生反应。它是人类行为的一般模式，简称 SOR 模型。SOR 模型早在 20 世纪 70 年代由梅拉比安和拉塞尔提出，最初用来解释、分析环境对人类行为的影响，后作为环境心理学理论被引入零售环境中。

任何一位消费者的购买行为，均是来自消费者自身内部的生理、心理因素或是在外部环境的影响下而产生的刺激带来的行为活动。消费者的购买行为，其过程可归结为消费者在各种因素刺激下，产生购买动机，在动机的驱使下，做出购买某商品的决策，实施购买行为，再形成购后评价。消费者购买行为的一般模式是营销部门计划扩大商品销售的依据。营销部门要认真研究和把握购买者的内心世界。

消费者购买行为模式是对消费者实际购买过程进行形象说明的模式。所谓模式，是指某种事物的标准形式。消费者购买行为模式是指用于表述消费者购买行为过程中的全部或局部变量之间因果关系的图式理论描述。

（2）科特勒的刺激—反应模型

美国著名市场营销学家菲利普·科特勒（Philip Kotler）教授认为，消费者购买行为模式一般由前后相继的三个部分构成，科特勒的刺激—反应模式清晰地说明了消费者购买行为的一般模式：刺激作用于消费者，经消费者本人内部过程的加工和中介作用，最后使消费者产生各种外部的与产品购买有关的行为。因此，该模式易于掌握和应用。

（二）消费者购买决策理论

1. 习惯建立理论

该理论认为，消费者的购买行为实质上是一种习惯建立的过程。习惯建立理论的主要内容如下：①消费者对商品的反复使用形成兴趣与喜好；②消费者对购买某一种商品的"刺激—反应"的巩固程度；③强化物可以促进习惯性购买行为的形成。任何新行为的建立和形成都必须使用强化物，而且，只有通过强化物的反复作用，才能使一种新的行为产生、发展、完善和巩固。

习惯建立理论提出，消费者的购买行为，与其对某种商品有关信息的了解程度关联不大，消费者在内在需要激发和外在商品的刺激下，购买了该商品并在使用过程中感觉不错（正强化），那么他可能会再次购买并使用。消费者多次购买某商品，带来的都是正面的反映，购买、使用都是愉快的经历，那么在多种因素的影响下，消费者逐渐形成了一种固定化反应模式，即消费习惯。具有消费习惯的消费者在每次产生消费需要时，首先想到的就是习惯购买的商品，相应的购买行为也就此产生。因此，消费者的购买行为实际上是重复购买并形成习惯的过程，是通过学习逐步建立稳固的条件反射的过程。以习惯建立理论的角度来看存在于现实生活中的许多消费行为，可以得到消费行为的解释，消费者通过习惯理论来购入商品，不仅可以最大限度地节省选择商品的精力，还可以避免产生一些不必要的风险。当然，习惯建立理论并不能解释所有的消费者购买行为。

2. 效用理论

效用概念最早出现于心理学著作中，用来说明人类的行为可由追求快乐、避免痛苦来解释，后来这一概念成为国外经济学中的一个基本概念，偏好和收入的相互作用导致人们做出消费选择，而效用则是人们从这种消费选择中获得的愉快或者需要满足。通俗地说就是一种商品能够给人带来多大的快乐和满足。

效用理论把市场中的消费者描绘成"经济人"或理性的决策者，从而给行为学家很多启示：首先，在商品经济条件下，在有限货币与完全竞争的市场中，"效用"是决定消费者追求心理满足和享受欲望最大化的心理活动过程；其次，将消费者的心理活动公式化、数量化，使人们便于理解。但需要指出的是，作为一个消费者，他有自己的习惯、价值观和知识经验等，受这些因素的限制，他很难按照效用最大的模式去追求最大效益。

3. 象征性社会行为理论

象征性社会行为理论认为任何商品都是社会商品，都具有某种特定的社会含义，特别是某些专业性强的商品，其社会含义更明显。消费者选择某一商标的商品，主要依赖于这种商标的商品与自我概念的一致（相似）性，也就是所谓商品的象征意义。商品作为一种象征，表达了消费者本人或别人的想法，有利于消费者与他人沟通的商品是最可能成为消费者自我象征的商品。

4. 认知理论

心理学中认知的概念是指过去感知的事物重现面前的确认过程，认知理论是20世纪90年代以来较为流行的消费行为理论，认知理论把顾客的消费行为看成一个信息处理过程，顾客从接受商品信息开始直到最后做出购买行为，始终与对信息的加工和处理直接相关。这个对商品信息的处理过程就是消费者接收、存储、加工、使用信息的过程，它包括注意、知觉、表象、记忆、思维等一系列认知过程。顾客认知的形成，是由引起刺激的情景和自己内心的思维过程造成的，同样的刺激，同样的情景，对不同的人往往产生不同的效果。认知理论指导企业必须尽最大努力确保其商品和服务在顾客心中形成良好的认知。

（三）消费者行为的影响因素

影响消费者行为的因素主要有两种，分别是个人内在因素与外部环境因素，在此基础上，还可以继续进行细分，将个人内在因素划分为生理因素与心理因素；将外部环境因素划分为自然环境因素和社会环境因素。可以说消费者行为的产生，是消费者个人与环境交互作用的结果。消费者个人内在因素与外部环境因素，直接影响着和制约着消费者行为的行为方式、指向及强度。

（四）消费者购买决策的影响因素

1. 他人态度

他人态度是影响购买决策的重要因素之一。他人态度对消费者购买决策的影响程度，取决于他人反对态度的强度及对他人劝告的可接受程度。

2. 预期环境因素

消费者购买决策要受到产品价格、产品的预期收益、本人的收入等因素的影响，这些因素是消费者可以预测到的，被称为预期环境因素。

3. 非预期环境因素

消费者在做出购买决策过程中除了受到以上因素影响外，还要受到营销人员态度、广告促销、购买条件等因素的影响，这些因素难以预测到，被称为非预期环境因素，它往往与企业营销手段有关。因此，在消费者的购买决策阶段，营销人员一方面要向消费者提供更多的、详细的有关产品的信息，便于消费者比较优缺点；另一方面，则应通过各种销售服务，促成方便顾客购买的条件，加深其对企业及商品的良好印象，促使消费者做出购买本企业商品的决策。

二、生产者理论

（一）生产者

生产是厂商对各种生产要素进行合理组合，以最大限度地生产出产品产量的行为过程。生产要素的数量、组合与产量之间的关系可以用生产函数来表现。因此，在具体分析生产者行为规律之前，有必要先介绍厂商生产要素、生产函数等相关概念。厂商在国外经济学中，乃生产者，即企业，是指能够独立做出生产决策的经济单位。在市场经济条件下，厂商作为理性的"经济人"所追求的生产目标一般是利润最大化。厂商可以采取个人性质、合伙性质和公司性质的经营组织形式。在生产者行为的分析中，经济学家经常假设厂商总是试图谋求最大的利润（或最小的亏损）。基于这种假设，就可以对厂商所要生产的数量和为其产品制定的价格做出预测。当然，经济学家实际上并不认为追求利润最大化是人们从事生产和交易活动的唯一动机。企业家还有其他的目标，比如，企业的生存、安逸的生活，以及优厚的薪水等，况且要计算出正确的最大利润化也缺乏资料。尽管如此，从长期来看，厂商的活动看起来很接近于追求最大利润。特别是，如果要建立一个简化的模型，就更有理由认为厂商在制定产量时的支配性动机是追求最大利润。即使在实际生活中企业没有追求或不愿追求利润最大化，利润最大化至少可以作为一个参考指标去衡量其他目标的实现情况。

（二）生产函数

厂商是通过生产活动来实现最大利润的目标的。生产是将投入的生产要素转换成有效产品和服务的活动。以数学语言来说，生产某种商品时所使用的投入数量与产出数量之间的关系，即为生产函数。厂商根据生产函数具体规定的技术约束，把投入要素转变为产出。在某一时刻，生产函数是代表给定的投入量所能产出的最大产量，反过来也可以说，它表示支持一定水平的产出量所需要的最小投入量。因此，在经济分析中，严格地说，生产函数是表示生产要素的数量及其某种数量组合与它所能生产出来的最大产量之间的依存关系，其理论本质在于刻画厂商所面对的技术约束。

在形式化分析的许多方面，厂商是与消费者相似的。消费者购买商品，用以"生产"满足；企业家购买投入要素，用以生产商品。消费者有一种效用函数，厂商有一种生产函数。但实际上，消费者和厂商的分析之间存在着某些实质性的差异。效用函数是主观的，效用并没有一种明确的基数计量方法；生产函数却是客观的，投入和产出是很容易计量的。理性的消费者在既定的收入条件下使效用最大化；企业家类似的行为是在既定的投入下使产出数量最大化，但产出最大化并非其目标。要实现利润最大化，厂商还必须考虑到成本随产量变化而发生的变动，即必须考虑到成本函数。也就是说，厂商的利润最大化问题既涉及生产的技术方面，也涉及生产的经济方面。生产函数只说明：投入要素的各种组合情况都具有技术效率。这就是说，如果减少任何一种要素的投入量就要增加另一种要素的投入量，没有其他生产方式能够得到同样的产量。而技术上无效率的要素组合脱离了生产函数，因为这类组合至少多用了一种投入要素，其他要素投入量则同以前一样，其所生产出的产量却同其他方式一样多。

（三）生产要素

生产要素是指生产活动中所使用的各种经济资源。这些经济资源在物质形态上千差万别，但它们可以归类为四种基本形式：劳动、资本、土地和企业家才能。劳动是指劳动者所提供的服务，可以分为脑力劳动和体力劳动。

资本是指用来生产产品的产品。它有多种表现形式，其基本表现形式为物质资本如厂房、设备、原材料和库存等。此外，它还包括货币资本（流动资金、票据和有价证券）、无形资本（商标、专利和专有技术）和人力资本（经教育、培育和保健获得的体力智力、能力和文化）。

土地是指生产中所使用的、以土地为主要代表的各种自然资源，它是自然界中本来就存在的。例如，土地、水、原始森林、各类矿藏等。

企业家才能是指企业所有者或经营者所具有的管理、组织和协调生产活动的能力。劳动、资本和土地的配置需要企业家进行组织。企业家的基本职责是：组织生产、销售产品和承担风险。生产任何一种产品或劳务，都必须利用各种生产要素。

三、市场理论

（一）市场

市场是商品经济的范畴。哪里有商品，哪里就有市场。但对于什么是市场，却有多种理解，开始，人们把市场看作商品交换的场所，如农贸市场、小商品市场等。它是指买方和卖方聚集在一起进行交换商品和劳务的地点。但随着商品经济的发展，市场范围的扩大，人们认识到，市场不一定是商品交换的场所，哪里存在商品交换关系哪里就存在市场。可见，市场的含义，不单指商品和劳务集散的场所，而且指由商品交换联结起来的人与人之间的各种经济关系的总和。

作为市场，它由三个要素构成：一是市场主体，即自主经营、自负盈亏的独立的经济法人。它包括从事商品和劳务交易的企业、集团和个人；二是市场客体，指通过市场进行交换的有形或无形的产品、现实存在的产品或未来才存在的产品；三是市场中介，指联结市场各主体之间的有形或无形的媒介与桥梁。市场中介包括联系生产者之间、消费者之间、生产者与消费者、同类生产者和不同类生产者、同类消费者与不同类消费者之间的媒介体系模式。在市场经济中，价格、竞争、市场信息、交易中介人、交易裁判和仲裁机关等都是市场中介。市场的规模和发育程度集中反映了市场经济的发展水平和发育程度。因此，在发展市场经济过程中，必须积极培育市场。

（二）市场经济

1. 市场经济概述

简而言之，市场经济就是通过市场机制来配置资源的经济运行方式。它不是社会制度。众所周知，在任何社会制度下，人们都必须从事以产品和劳务为核心的经济活动。而当人们进行经济活动时，首先要解决以何种方式配置资源的问题。这种资源配置方式，就是通常所说的经济运行方式。由于运用调节的主要手段不同，人们把经济运行方式分为计划与市场两种形式。前者指采用计划方式来配置资源，被称为计划经济；后者指以市场方式来配置资源，被称为市场经济。可见，市场经济作为经济活动的资源配置方式，不论资本主义还是社会主义都可以使用。它与社会制度没有必然的联系。虽然，市场经济是随着现代化大生产和资本主义生产方式的产生而产生的，但它并不是由资本主义制度所决定的。因为市场经济的形成与发展直接决定于商品经济的发达程度。迄今为止，商品经济发展经历了简单商品经济、扩大的商品经济和发达的商品经济三个阶段。只有当商品经济进入扩大发展阶段以后，市场经济的形成与发展才具备条件。因为在这个阶段不仅大部分产品已经实现了商品化，而且这种商品化还扩大到生产要素领域。这时，市场机制成为社会资源配置的主要手段。也就是说，这个阶段经济活动中四个基本问题，即生产什么？如何生产？为谁生产和由谁决策等，都是依靠市场的力量来解决的。由此可见，市场经济是一种区别于社会制度的资源配置方式，即经济运行方式。

2. 市场经济的运转条件

市场经济应具备以下的运转条件：①要有一定数量的产权明晰的、组织结构完整的企业；②要有完备的市场体系，成为社会经济活动和交往的枢纽；③要有完整的价格信号体系，能够迅速、准确、明晰地反映市场供求的变化；④要有完善的规章制度，既要有规范各种基本经济关系的法规，又要有确定市场运作规则的法规，还要有规范特定方面经济行为的单行法规；⑤要有发达的市场中介服务组织，如信息咨询服务机构行业协会、同业公会、会计师事务所、律师事务所等市场经济作为经济运行方式。

3. 市场经济的特征

市场经济的特征可以归结为以下几个方面：①市场对资源配置起基础性作用，这里的资源包括人力、物力、财力等经济资源；②市场体系得到充分发展，不仅有众多的买者和卖者，还有一个完整的市场体系，并形成全国统一开放的市场；③从事经营活动的企业，是独立自主、自负盈亏的经济实体，是市场主体；④社会经济运行主要利用市场所提供的各种经济信号和市场信息调节资源的流动和社会生产的比例；⑤在统一的市场规则下，形成一定的市场秩序，社会生产、流通、分配和消费在市场中枢的联系和调节下，形成有序的社会再生产网络；⑥政府依据市场经济运行规律，对经济实行必要的宏观调控，运用经济政策、经济法规、计划指导和必要的行政手段引导市场经济的发展。

第四节　市场需求及供给分析

一、市场需求分析

（一）需求的含义

需求与供给这两个词汇不仅是经济学最常用的两个词，还是经济领域最常见的两个术语。需求与供给作为市场经济运行的力量，直接影响着每种物品的产量及出售的价格。市场价格在资源配置的过程中发挥着重要作用，既决定着商品的分配，又引导着资源的流向。如果你想知道，任何一种事件或政策将如何影响经济并且产生什么样的效应，就应该先考虑它将如何影响需求和供给。

需求是指买方在某一特定时期内，在"每一价格"水平时，愿意而且能够购买的商品量。消费者购买愿望和支付能力，共同构成了需求，缺少任何一个条件都不能成为有效需求。这也就是说，需求是买方根据其欲望和购买能力所决定想要购买的数量。

（二）需求表与需求曲线

对需求的最基本表示是需求表和需求曲线，直接表示价格与需求量之间的基本关系。

1. 需求表

需求表是表示在不影响购买的情况下，一种物品在每一价格水平下与之相对应的需求量之间关系的表格。需求表是以数字表格的形式来说明需求这个概念的，它反映出在不同价格水平下购买者对该商品或货物的需求量。

2. 需求曲线

需求曲线是表示一种商品价格和需求数量之间关系的图形，它的横坐标表示的是数量，纵坐标表示的是价格。通常，需求曲线是向右下方倾斜的，即需求曲线的斜率为负，这反映出商品的价格和需求之间是负相关关系。

（三）影响需求的因素

除了价格因素以外，还有许多因素会影响需求使之发生变化。其中，以下几方面是比较重要的影响因素：

1. 收入

假如经济危机出现了，公司为了应对危机，会相应地减少员工收入。当收入减少时，个人或家庭的需求一般会相应地减少。就是说，当收入减少时，消费支出的数额会相应地减少，因此，个人或家庭不得不在大多数物品上相应减少消费。在经济学中，当收入减少时，对一种物品的需求也相应减少，这种物品就是正常物品。一般把正常物品定义为：在其他条件相同时，收入增加会引起需求量相应增加的物品。

在人们的日常生活中，消费者购买的物品，并不都是正常物品，随着人们收入水平的提高，人们会对某种物品的需求减少，这种物品就是所谓的低档物品。从经济学的角度看低档物品，将其定义为：在其他条件相同时，随着收入的增加，引起需求量相应减少的物品。

2. 相关商品的价格

相关商品是指与所讨论的商品具有替代或者互补关系的商品。

在其他条件不变时，当一种商品价格下降时，减少了另一种商品的需求量，这两种物品被称为替代品。两种替代商品之间的关系是：价格与需求呈现出同方向变动，即一种商品价格上升，将引起另一种商品需求增加。

在其他条件不变时，当一种商品价格下降时，增加了另一种商品的需求量，这两种物品被称为互补品。两种互补商品之间的关系是：价格与需求呈反方向变动，即一种商品的价格上升，将引起另一种商品需求减少。

3. 偏好

决定需求的另一明显因素是消费者偏好。人们一般更乐于购买具有个人偏好的商品。人们的偏好，受很多因素的影响，如广告、从众心理等。当人们的消费偏好发生变动时，相应地对不同商品的需求也会发生变化。

4. 预期

人们对未来的预期也会影响人们现期对物品与劳务的需求。对于某一产品来说，人们通过预期认为该产品的价格会发生变化，若预期结果是涨价，人们会增加购入数量；若预期结果是降价，那么人们会减少当前的购入数量。

5. 购买者的数量

购买者数量的多少是影响需求的因素之一，如人口增加将会使商品需求数量增加；反之，购买者数量的减少会使商品需求数量减少。

6. 其他因素

在影响需求变动的因素中，如民族、风俗习惯、地理区域、社会制度及一国政府采取的不同政策等，都会对需求产生影响。

(四) 需求量变动与需求变动

1. 需求量的变动

需求量的变动是指其他条件不变的情况下，商品本身价格变动所引起的商品需求量的变动。需求量的变动表现为同一条需求曲线上点的移动。在影响消费者购买决策的许多其他因素不变的情况下，价格的变化直接影响着消费者的消费需求，在经济学中，这就是"需求量的变动"。

2. 需求的变动

在经济分析中，除了要明确"需求量的变动"，还要注意区分"需求的变动"。需求的变动是指商品本身价格不变的情况下，其他因素变动所引起的商品需求的变动。需求的变动表现为需求曲线的左右平行移动。

在需求曲线中，当出现影响消费者的商品需求因素，也就是需求的变动，在某种既定价格时，当人们对商品需求减少时，表现在需求曲线中就是曲线向左移；当人们对商品需求增加时，在需求曲线中就表现为需求曲线向右移。总而言之，需求曲线向右移动被称为需求的增加，需求曲线向左移动被称为需求的减少。

引起需求量变动和需求变动的原因不同，其不仅受到商品价格、收入、相关商品价格的影响，还受到偏好、预期、购买者数量的影响。

二、市场供给分析

（一）供给的含义

供给是指卖方在某一特定时期内，在每一价格水平时，生产者愿意而且能够提供的商品量。供给是生产愿望和生产能力的统一，缺少任何一个条件都不能成为有效供给。这也就是说，供给是卖方根据其生产愿望和生产能力决定想要提供的商品数量。通常用供给表、供给曲线和供给函数三种形式来表述供给。

（二）供给表

供给表是表示在影响卖方提供某种商品供给的所有条件中，仅有价格因素变动的情况下，商品价格与供给量之间关系的表格。

（三）供给曲线

如果供给表用图形表示，根据供给表描出的曲线就是供给曲线。供给曲线是表示一种商品价格和供给数量之间关系的图形。横坐标轴表示的是供给数量，纵坐标轴表示的是价格。若是供给曲线是向右上方倾斜的，这反映出商品的价格和供给量之间是正相关的关系。

（四）供给定理

从供给表和供给曲线中可以得出，某种商品的供给量与其价格是呈现出相同方向变动的。价格与供给量之间的这种关系对经济中大部分物品都是适用的，而且，实际上这种关系非常普遍，因此，经济学家称之为供给定理。

供给定理的基本内容是：在其他条件相同时，某种商品的供给量与价格呈现出同方向变动，即供给量随着商品本身价格的上升而增加，随着商品本身价格的下降而减少。

（五）影响供给的因素

有许多变量会影响供给，使供给曲线发生移动，以下因素尤为重要。

1. 生产要素价格

为了生产某种商品，生产者要购买和使用各种生产要素：工人、设备、厂房、原材料、管理人员等。当这些投入要素中的一种或几种价格上升时，生产某种商品的成本就会上升，厂商利用原有投入的资金，将会提供相对减少的商品。如若要素价格大幅度上涨，厂商则会停止生产，不再生产和供给该商品。由此可见，一种商品的供给量与生产该商品的投入要素价格呈负相关。

2. 技术

在资源既定的条件下，生产技术的提高会使资源得到更充分的利用，从而引起供给增加。生产加工过程的机械化、自动化将减少生产原有商品所必需的劳动量，进而减少厂商的生产成本，增加商品的供给量。

3. 相关商品的价格

两种互补商品中，一种商品价格上升，对另一种商品的需求减少，供给将随之减少。互补商品中一种商品的价格和另一种商品的供给呈负相关。

两种替代商品中，一种商品价格上升，对另一种商品的需求增加，供给将随之增加。替代商品中一种商品的价格和另一种商品的供给呈正相关。

4. 预期

企业现在的商品供给量还取决于对未来的预期。若是预期未来某种商品的价格会上升，企业就将把现在生产的商品储存起来，而减少当前的市场供给。

5. 生产者的数量

生产者的数量一般和商品的供给呈正相关关系，即如果新的生产者进入该种商品市场，那么，市场上同类产品的供给就会增加。

（六）供给量的变动与供给的变动

1. 供给量的变动

供给量的变动是指其他条件不变的情况下，商品本身价格变动所引起的商品供给量的变动。供给量的变动表现为沿着同一条供给曲线上的点移动。

影响生产者生产决策的许多其他因素不变的情况下，在任何一种既定的价格水平时，生产者提供相对应的商品数量。价格变化会直接导致商品供给数量的变化，在经济学中被称为"供给量的变动"。

2. 供给的变动

与需求相同，在经济分析中，除了要明确"供给量的变动"，还要注意区分"供给的变动"。供给的变动是指商品本身价格不变的情况下其他因素变动所引起的商品供给的变动。供给的变动表现为供给曲线左右平行移动。

供给的变动，在某种既定价格时，当某种商品价格上涨时，厂商对该商品的供给减少，此时供给曲线向左移；在某种既定价格时，通过科技手段来使该商品的生产能力变强时，此时供给曲线向右移。供给曲线向右移动被称为供给的增加，供给曲线向左移动被称为供给的减少。

第五节　市场均衡与政府政策

一、市场与均衡

市场上，需求和供给主要是通过价格调节的，围绕着这一主题首先分析需求曲线和供给曲线如何共同决定均衡价格和均衡产量（均衡价格下的需求量和供给量），为什么市场处于均衡状态时社会总剩余达到最大，买者和卖者之间的竞价如何使得非均衡状态向均衡调整。最后，简要介绍一下一般均衡理论，并讨论市场中的非价格机制。

市场将消费决策和生产决策分开，消费者不生产自己消费的产品，生产者也不消费自己生产的产品。但市场又通过交换将消费者和生产者联系起来。市场通常被理解为买卖双方交易的场所，比如，传统的庙会、集市，现代的购物中心、百货商店等都是市场。但市场又不仅仅是这些看得见、摸得着的实体场所。市场的本质是一种交易关系，它是一个超越了物理空间的概念。随着信息时代的到来，电商已经成为交易的一种新的形式，很多交易是在互联网上依托电商服务器完成的，在这里我们看不到具体的交易场所，但是这些网络虚拟的交易场所仍然是在我们经济学研究的市场中进行的。市场的类型多种多样，不仅有物质产品和服务产品的交易市场，也有作为投入品的要素市场。还有很多无形的标的物也可以成为市场的交易对象，比如专利市场、思想市场等。

无论什么市场，都存在买者和卖者两方。市场交易是一个竞争的过程，不仅有买者和卖者之间的竞争，而且有买者之间的竞争和卖者之间的竞争。比如，生产者之间为获得客户、销售产品而竞争，消费者之间为获得产品而竞争。竞争，意味着每个人都有自由选择的权利，即向谁买、买什么和卖给谁、卖什么的自由。只有在各方都有自由选择权利的制度下，才可以谈得上交易，才能够称之为市场。

二、政府干预的效率损失

（一）价格管制及其后果

在市场经济国家，政府有时会对价格和工资实行限制。与计划经济的政府定价不同的是，市场经济国家的价格管制一般只规定最高限价或最低限价，而不是直接定价。最高限价，即规定交易价格不能高于某个特定的水平，也就是卖出商品的标价不能超过规定的最高价格。最高价格一定低于均衡价格，否则是没有意义的。

最高限价会带来什么后果呢？从效率上来看，本来一些不是非常需要这个商品的人也进入了市场，该商品对这些消费者的效用并不高，但他们也很可能获得该商品，这对于社会资源是一种浪费。而该商品对另外一些人的价值较大，但在限价后他们可能买不到这种商品，这又是一种损失。政府会有什么对策呢？既然需求大于供给，政府可以选择的一个办法是强制企业生产市场需要的产量。这就是为什么价格管制经常会伴随计划性生产的主要原因。强制生产的结果是什么？假如政府的生产计划确实能够实现，此时生产的边际成本远远大于商品给消费者带来的边际价值，这是一种资源的浪费。

有时候政府制定了最高限价并强制企业生产，如果企业亏损则给予财政补贴。但这会弱化企业降低成本的积极性，甚至诱导企业故意增加成本、制造亏损，因为亏损越多，得到的补贴越多，不亏损就没有补贴。这又是一种效率损失。

为了解决供过于求的问题，政府就不得不实行配额生产。即便政府能够保证把配额分配给成本最低的企业，但由于与需求量对应的产量小于均衡价格下的产量，也存在效率损失。当然，政府也可以强制消费者购买过剩的产量，但这样做不仅损害了效率，而且限制了消费者的选择自由。如果政府既不能成功地实行生产配额，也不能成功地强制消费，最低限价也就没有办法维持。解决问题的办法是把生产者价格和消费者价格分开，这就需要对生产者给予价格补贴，每单位产品的补贴额等于生产者价格和消费者价格的差额。对生产者来说，这种补贴是一种收益，但对整个社会来讲，则是总剩余的减少。

（二）税收如何影响价格

政府干预市场的另一个方式是征税。政府需要征税获得财政收入，税收的结构和额度将会改变市场的均衡状态。政府征税类似在供求之间加入一个楔子，对价格和交易量都会产生影响。税负最终是由谁来承担？这依赖于需求曲线和供给曲线的特征。但是无论如何，税负通常会降低交易效率。

1. 从量税

现在我们引入政府征税。税收中有一种税叫作从量税，是对生产者销售的每一单位产品进行征税。征收这种从量税以后，成交价格上涨了，均衡数量下降了。

下面来分析税收是由谁来承担的。表面上看消费者没有直接交税，但并非如此，实际上消费者与生产者共同承担起了税收。政府征走的税收可以作为转移支付，不会降低总剩余。但是征税后交易量的下降却降低了总剩余。可见，从量税会导致一定的效率损失。另外一种从量税是对消费者征税，与政府对生产者征税时相同。

如果供给是无限弹性的，需求是有弹性的，税收将全部由生产者承担；如果需求是无限弹性的，供给是有弹性的、税收将全部由消费者承担。

一般情况下，无论向哪一方征税，供给弹性和需求弹性的比值直接决定着税负的分担比例，简单来讲，就是供给与需求哪一方弹性小，相应的负担的税收就大，一方面，需求弹性相对小，则消费者承担的税负比重高；另一方面，供给弹性相对小，则生产者承担的税负比重高。政府的税收政策一般会带来效率损失。只有在需求或供给无弹性的时候，税收才不造成效率损失，此时税负全部由消费者或生产者承担，没有导致交易数量的变化。只要需求和供给都有一定的弹性，税收就会造成生产效率下降。

生活必需品的需求弹性是比较小的，比如，粮食价格上涨50%，人们的消费量不会减少50%。所以，对生活必需品的征税大部分转嫁给消费者。奢侈品通常需求弹性比较大，承担税负的主要是生产者。

2. 从价税

从量税是根据销售数量定额征收，从价税是根据销售价格按一定比例征收。无论哪种情况，只要供给和需求都是有弹性的，税收就会产生效率损失。

3. 所得税

除了对交易征税，政府还会对个人和企业的收入征税，称为所得税。它是以所得额为课税对象的税收的总称。很多地方征收公司所得税，同时还有个人所得税。所得税收影响生产者的积极性，因而会影响产品价格。

总体来讲，税负不可能最终只由纳税人来承担，也会有效率损失。因为税负影响生产者的积极性，所以生产者会提高价格。假如所得税税率过高，没人愿意生产了，行业的供给量将会减少，导致市场价格上升，因此消费者就要承担部分税收。设想一个极端的情况，假如我们征收100%的利润税，企业赚的钱都纳税了，没人愿意办企业了，最后损害的将是我们社会上的每一个人。

第四章　经济管理体系下的企业创新发展

第一节　经济管理体系下的企业观念创新

一、现代企业管理观念创新分析

（一）现代企业管理理念创新的必要性

1. 适应时代发展的客观要求

当今世界已经进入了知识经济时代，知识经济时代要求现代企业必须不断创新管理理念。管理创新即要把创新渗透于管理的整个过程之中，不断进行观念创新、制度创新、市场创新，进而实现组织价值和管理效能的最大化。创新是组织生命活力的源泉。传统的管理理念过多地强调组织内部环境的控制，忽视了组织与环境之间的互动，结果是制约了组织的应变力和竞争力的提高。所以，管理组织必须创新。创新是未来现代企业管理理念的主旋律。时代呼唤围绕着知识管理进行的创新，管理理念创新可以适应当代企业的发展要求，也是适应知识经济时代发展的客观需要。

2. 企业管理理念创新是提高企业文化水平的要求

知识经济时代的管理是科学的管理，体现着先进文化及价值导向。现代企业管理理念必须提高人的科学知识水平。提高管理中的文化含量，实现两种价值的融合，就成为未来管理中面临的一项紧迫课题。现代企业管理理念可以促进企业的全面自由发展。传统的管理理念忽视了组织成员的个体价值和个人目标，忽视了人的个性的激励和潜能的开发，最终导致管理效能的下降。这就客观上要求新的管理理念与之相适应。企业的生存和发展需要新的管理理念去提高人的素质，充分发挥人的潜能，使人与自然的关系得以和谐，人的个性得以充分发挥，人的需求不断地得到满足。

3. 企业管理理念创新是企业提高经济效益的重要手段

知识经济时代的现代企业管理理念必须把知识改变组织命运的理念渗透于管理的全过程。"以知识开发知识"是时代发展的必然。知识经济时代的现代企业管理理念必须把知识最大限度地转化为生产力。其核心理念就是要求把组织系统的信息与信息、信息与活动、信息与人有机连接起来，实现知识共享，运用集体智慧和创新能力，以赢得组织的核心竞争力。知识经济时代的现代企业管理理念必须发挥人的创造力。在知识经济时代，无论是营利组织还是非营利组织，最宝贵的资源不是它的固定资产，而是它的知识工作者。现代企业管理理念所做的一切，就是提高知识工作者的生产率，从而提高企业的竞争力，使企业在激烈的市场竞争中站稳脚跟。

（二）现代管理理念的创新

1. 知识管理理念

企业的知识管理是充分将各种与企业发展相关的企业内部信息与外部信息进行充分的整合，将信息与企业的内部活动、企业的长远发展有机地结合在一起，通过信息技术的作用形成一个系统的知识资源共享体系。企业的各级领导通过定期的对其下辖的员工进行知识的引导，使企业员工的整体素质与知识储备迅速提升，以促使各级干部员工在自己的岗位上发挥自身的价值，运用聪敏智慧为企业的发展建言献策，为企业在市场经济竞争中提供坚强的后盾保障。

新时期企业在进行知识管理理念的创新时，首先要建立知识共享机制与知识共享平台，为员工以主人翁的身份投入到企业的发展建设中去提供平台，其中，知识共享机制需要企业通过总结企业各阶段的发展情况，并指出发展中存在的不足，借鉴国内外同行业发展中的成功经验，为企业的发展提供借鉴，以促使企业的正常发展。在知识共享机制中，企业的各级领导与员工会及时了解国内外的先进知识与技术，对其学习与发展有极大的助益。而知识共享平台为基层干部员工提供了分享自己的理解与建议的平台，在平台上员工可以阐述自己对某些知识的理解及对企业发展的建议，在为基层员工提供施展自己的才华的同时，也有利于激发员工思想中潜在的创新精神，是企业长远发展的有效保障。"一千个读者就有一千个哈姆雷特"这句话的意义就是强调思想交流的重要性，知识共享机制与知识共享平台为企业的员工提供了知识学习与思想交流的平台，通过企业内部的知识与信息的交流，企业的应变能力与预知能力均会有很大的提升，有助于企业的长远发展。

2. 创新管理理念

创新是一个民族发展的不竭动力之源，对于企业的发展也同样重要，企业在发展过程中要根据整个市场的变化而不断进行创新活动，以积极调整企业的发展战略，使企业沿着更科学的发展轨迹发展。企业要在明确自身发展性质的前提下强化市场危机意识，从而详细引导企业具体环节的创新管理，以解决企业发展中存在的不足，树立正确的创新管理理念并使其深入贯彻到企业经济管理活动的全过程中去。企业完善创新管理意识可以激发各级员工的创新意识，使企业在发展中可以精确对其自身进行市场定位，以推进企业的全面发展。企业的创新管理理念可以具体地从对企业的长远期目标规划、企业员工的培养方式、企业的运营方式、企业的奖励机制、企业的组织结构、企业文化构建等多个方面进行。企业可以根据自身的发展情况进行市场的实时定位，从而促使企业领导可以根据实时的市场经济发展信息及时改变企业的发展目标，创新人才培养方式、奖励机制，同时，企业也可以适当进行企业内部组织结构的调整，以优化资源配置，促使企业资源管理体制的创新；企业根据市场竞争情况强化市场竞争观念，推进思想观念的创新等。在市场发展过程中企业只有不断根据自身发展的实际情况进行适当的创新与改革，企业才能更稳定地走下去。

3. 危机管理理念

《生于忧患，死于安乐》是《孟子》中极具代表性的一篇文章，而"生于忧患，死于安乐"这句话在商场发展中亦是不变的真理，企业发展中要将危机意识贯穿到企业发展的始终，使企业各级员工在居安思危的环境下积极为企业的长远发展建言献策。企业将危机管理理念渗透到工作的各个环节，使领导干部及员工能及时地提出有可能对企业的发展带来不利影响的问题或挑战因素，使其可以有充足的准备时间去有针对性的思考与应对，从而在危机真正发生时可以从容不迫地应对，最大限度地降低企业的损失。

就企业的危机管理意识，企业可以建立危机探究机制，企业以各个部门为具体单位，定期开设危机探究会议，部门领导与员工可以各抒己见，针对发展中遇到的或是预见到的问题进行探究，由于基层员工从事最基础的工作，其危机意识更能代表基层发展情况，对企业的发展更有切实的帮助。

4. 激励管理理念

充足的动力是员工在各自的工作岗位上积极建言献策、努力从事生产活动的重要影响因子，因而企业在发展过程中应积极强化激励管理理念的发展与深化，通过一定的物质或精神奖励使员工更愿意将自己的更多精力投入到企业的经济运行中去。在激励管理理念下企业可以通过制定完善的奖惩制度，对工作积极努力的员工提供奖励，而对工作消极的或做出有损企业发展事情的员工进行惩罚，企业制定严格的职业纪律规范，员工才能感知这个企业的公平、公正，才更愿意参与到企业活动中去。

二、核心竞争力理论对企业管理观念的影响

（一）企业核心竞争力理论的内核

1. 企业本质上是一个能力集合体

从表面看来，企业的基本构成要素包括：①有形的物质资源。如企业占用的生产场地、企业拥有的建筑物、企业生产经营活动使用的设备与各种工具器具、企业的存货、企业的库存货币资金与有价证券、企业对外投资形成的资产、企业的在途商品、企业雇用的各类人员等。②无形的规则资源。这些规则既包括有关法律、法规，企业内部成文的规章制度，也包括参与企业行为活动的各当事人之间达成的约定俗成的默契，还包括企业的伦理、道德、文化等。有形的物质资源和无形的规则资源，对企业来说都只是表面的和载体性质的构成要素，唯有蕴藏在这些要素背后的能力，才是企业发展的根本动力。企业的能力是企业长期积累和学习的结果，和企业的初始要素投入、追加要素投入、企业的经历等密切相关具有突出的路径依赖性。企业能力存在于员工的素质、战略规划、组织规则、文化氛围之中，由于路径依赖的作用和"能力"对企业整体的依托，企业的任何一个组成部分脱离企业之后，都不再具有完全意义上的原有"能力"、企业是一个特殊综合能力体。

2. 能力是对企业进行分析的基本单元

首先，对企业进行分析的最小单元，既不是单个的"人"，也不是"组织单元"（或称"团队"），而是反映企业本质的能力。能力的区分虽然具有一定的抽象性，不过并不妨碍对企业的深入分析，企业拥有的能力总是可以区分为不同的类别，如可以区分为一般能力和特殊能力，组织能力和社会能力、技术能力，市场开拓能力和管理能力，且每一种能力还可以细分。其次，企业的核心竞争力是企业拥有的最主要的资源或资产，企业能力可以从本质上把企业能够承担和进行内部处理的各种活动界定清楚，企业核心竞争力的储备状况决定企业的经营范围，特别是决定企业多角化经营的广度和深度。最后，企业核心竞争力的差异决定企业的效率差异，效率差异决定企业的收益差别。各企业的员工组成与能力、组织结构、经历、内部各组成要素的相互作用方式等各不相同，由此各企业在从事相同或不同的生产经营活动时具有了不同的能力，显示出不同的效率，表现在企业的技术水平、生产成本、产品特色、服务质量、市场位势等方面，并最终体现在获利的多寡上。企业获取"租金"的量由其拥有的核心竞争力的状况决定，企业获取"租金"的长期性由企业拥有的核心竞争力和积累的新的核心竞争力的维持时间决定。

3. 企业拥有的核心竞争力是企业长期竞争优势的源泉

一种特殊的看不见摸不着的"知识和能力"在企业的成长过程中发挥着关键性作用，

在产品生命周期日渐缩短和企业经营日益国际化的今天，竞争的成功不再被看作是转瞬即逝的产品开发或市场战略的结果，而是企业具有不断开发新产品和开拓市场的特殊能力的体现。企业的长期竞争优势，源于单个企业拥有的、比竞争对手能够更加卓有成效地从事生产经营活动和解决各种难题的能力，现实的经营战略、组织结构、技术水平优势只不过是企业发挥智力资本潜能的产物。

4. 积累、保持、运用核心竞争力是企业的长期根本性战略

企业的战略可以分为市场战略、产品战略、技术战略等，这些职能战略是企业外在的和显性化的战略。在信息经济时代，任何企业单是依靠某一项或某几项职能战略，最多只能获得一时的优势，唯有追求核心竞争力才是使企业永久立于不败之地的根本战略。具有活的动态性质的核心竞争力是企业追求的长期战略目标，核心竞争力积累的关键在于创建学习型组织，在不断修炼过程中增加企业的专用性资产、隐性的不可模仿性知识等。

（二）企业核心竞争力理论对当代企业管理理念的影响

1. 从争夺最终产品市场占有率转向争夺核心性中间产品市场份额

核心竞争力理论认为企业之间的竞争虽然直观表现为企业最终产品之间的竞争，但从深层次分析，却是企业素质间的竞争。企业间的竞争表现在四个层次上，并构成一个竞争层级：一是开发构成核心竞争力要素的竞争；二是对这些战略要素整合的竞争；三是核心性中间产品的竞争；四是核心性最终产品的竞争。这里的核心性产品就是指企业所拥有的，以产品形式出现的核心竞争力。显然，前两个层次是企业核心竞争力的形成和培育阶段，而中间产品和最终产品则是核心竞争力的载体和表现形式。企业之间的竞争直接表现为中间产品和最终产品之间的竞争。核心性中间产品的竞争是企业竞争层级中最关键的竞争环节，把握了核心性中间产品的竞争主动权，就把握了整个市场的主动权，并将获得最终产品的竞争主动权。

传统的企业管理观念要求，企业应将体现其特长的最优秀的关键性产品牢牢掌握住，仅仅用于生产自己的最终产品。但是，企业的生产能力不一定是最优秀的，企业本身的生产能力有限，限制了其产品的市场占有率。其他企业为了竞争的需要，也被迫开发自己的产品，企业本身有优势的中间产品随时面临挑战。核心竞争力的观念则认为，只有企业的中间产品具有核心竞争力的典型特征（难以模仿或模仿的代价极大），企业就应该鼓励竞争对手采用本企业的关键性中间产品作为它们的生产部件，并使它们逐步形成对本企业所提供的关键性中间产品的依赖。如佳能掌握着激光打印机的驱动机核心技术，它不断把打印机的驱动机卖给苹果、惠普等其他激光打印机生产厂家。结果是，佳能打印机的驱动机

市场份额远远超过了它的最终产品——激光打印机的市场份额。这样，企业不但控制了其他企业的最终产品市场，而且还阻止了竞争对手开发自己关键性中间产品的技术的尝试。

2. 从重视企业对环境的适应性转向强化企业自身素质

对于企业的寿命和盈利能力为什么有持续的、较大的差距这一问题，传统管理观念所给出的答案不尽如人意。战略管理第一阶段安索夫的 ESO（环境—战略—组织相适应）模型，第二阶段波特的五种竞争力量（同业者、替代业者、潜在业者、供应者和购买者）行业模型等，都侧重从企业所处的行业环境切入，将竞争分析的注意力重点放在企业的外部环境上，认为行业性质是企业盈利水平的决定性因素，即市场结构是决定行业内部和行业间的绩效差异的主导力量。因此，市场结构分析成为企业制定竞争战略的主要依据。这些理论都强调企业战略对环境的适应性，战略要跟随环境而变化。

核心竞争力理论认为决定企业长盛不衰的根本性要素是企业自身的素质。换言之，对于企业的竞争优势来说，企业内部条件比其所面对的外部条件更具决定性影响，企业获取超额利润和保持长期竞争优势的关键就在于企业能力、资源和知识的积累。与传统管理理论不同，核心竞争力观念强调将竞争分析的注意力集中到企业自身上来，以培育企业核心性的竞争能力为主攻方向，以创造企业可持续性的竞争优势为战略目标，不断提高企业自身素质，以确保企业在激烈的竞争环境中长盛不衰。

当然，毋庸置疑的一点是，具有核心竞争力的企业无一例外地表现出对环境的强适应性。但这不在于他们的战略制定得多么好，而在于其自身的高素质决定了其能对环境的变化做出迅速的反应。可以断言，不具有核心竞争力的企业即使发现了环境中的机会和威胁，也难以抓住机会或避开威胁。

3. 从注重做好全面管理转向注重集中做好关键环节的管理

企业经营环境的复杂性和企业规模的扩大，使企业管理变得越来越复杂。传统的企业管理注重管理的全面性，要求企业做好经营管理的方方面面的工作，诸如全面质量管理、全面营销管理、全面财务核算管理等，希望企业全员都来重视管理、参与管理，把所有的事情都做得很好。实际上，由于资源的有限性，这是很难做到的。稀缺资源的平均用力，只会导致"事事都管，但事事都管不好"的结果。

企业经济学的本质是研究如何优化配置稀缺战略资源，以有限的投入得到最大产出。核心竞争力理论提倡集中的原则，它强调企业要把自己的物力、人力、财力投向企业经营管理的关键环节上去，而对非关键的环节仅要求做到合格，达到正常运转状态即可。只要关键环节得到强化，就能带动其他环节的提升。而要做到这一点，就必须集中使用资源、精力和时间，创造关键环节上的绝对优势，形成企业核心能力。从竞争角度考虑，一个企业方方面面的工作不错，只能保证企业的一般性竞争力较强，仅能具备一般性的竞争优势。只有企业某一关键性竞争力比竞争对手优越时，才能使企业具备独特的竞争优势，才能确保企业获得长期的竞争主动权。

4. 从横向多元化扩张转向业务归核化发展

横向多元化与上下游一体化发展不同，它是向其他非相关的事业域延伸的另一种发展战略。企业横向多元化发展是传统管理观念的必然产物，也是企业发展的一种内在本能，其诱因可能是：企业所面临的环境不断出现各种商机，对企业产生强烈的诱惑；或主业经营不顺，需寻求其他行业机会；或追求发展规模；等等，致使 20 世纪八九十年代多元化经营战略流行成风，并成为不少企业主导性的或重要的发展战略。然而，许多研究与现实证明，企业横向多元化经营战略是风险性最大的一种发展战略。当企业迈进一个自己不熟悉的事业域时，尤其是当新事业域要求企业所应具备的关键性能力与企业现有能力不相吻合时，企业就会失去自身优势，变得十分被动，难免招致失败。即使情况没有如此糟糕，也因此分散了管理层的时间与精力，摊薄了资源，弱化了主业，使企业根基动摇，最终可能导致全盘被动。

核心竞争力观念提倡企业经营业务归核化，有两层含义：一是回归主业；二是回归以核心竞争力为"轴心"的同心多元化。20 世纪 90 年代国际上出现企业回归主业的发展趋势是对七八十年代企业多元化热的一种反思和逆动。企业从伸展递延的多种事业领域里，纷纷向自己原有的或者认为有优势的领域收缩。回归主业者认为，强大的主业是企业生存的基础，强调要集中精力将主业做好做强。值得指出的是，归核化并不是简单地反对多元化，而是反对没有根基的多元化。同心多元化比无关多元化成功率高，这一点早已成为人们的共识。但这"圆心"是技术，是市场，还是别的什么，并没有定论。核心竞争力概念明确指出：企业成功所依赖的同心多元化的"圆心"就是企业所具备的核心竞争力。凡是企业核心竞争力优势能得到较好发挥的事业领域，就是企业多元化战略有把握成功的新领域；凡是企业核心竞争力优势无所作为或不能很好发挥作用的地方，企业多元化战略往往要失败。因此，企业在考虑选择多元化战略的新事业领域时，必须准确判断该领域（行业）所要求的关键性能力是否能与企业核心竞争力相匹配。

5. 从争取分散企业风险转向努力增强企业实力

传统管理理念强调，"不要将鸡蛋装在一个篮子里"，或者是"东方不亮西方亮"，这也是企业横向多元化经营的重要理由与动机。这种以保守方式被动应对风险的经营思想，是一种消极的经营理念，很难使企业有大的作为。一旦每一个事业领域都遭遇到困难，企业就会完全陷入被动。为回避风险而分散力量的做法，将可能导致每一部分都被削弱的结局。

核心竞争力理论强调应对风险要从消极被动转向积极主动，只有强化企业自身的素质，才能增强抵抗风险的能力。这样，即使在行业大起大落的情况下，企业也能取得超过行业平均水平的市场回报。企业要努力把核心业务做大、做强，通过对核心业务领域内资源与能力的整合与升华，加快对核心产品、核心技术和核心能力的培育，形成自己的核心竞争力。以不变应万变，才是应对风险的根本性对策。核心竞争力战略要求企业对其所在行业内外环境的未来变化有深刻的洞察预见力，及时提升未来所需的核心竞争力。要求企业对现有的核心竞争力不断地进行调整、补充和完善，以确保其在行业中的领先地位，使企业具备更强的预防和应对风险的能力。

6. 从追求规模经济效益转向培育持续性竞争优势

随着企业规模的增大，产品的固定成本分摊降低，有条件采用更先进的生产工艺和拥有自己的部门，与经销商谈判能力增强，能获得规模市场和营销的好处，等等。也就是说，规模大的企业具备单位产品成本低的优势，能够获得规模经济效益。然而，在很多情况下要把企业做大是很困难的。建造大规模企业需要大投入，即使资源没问题也要受到市场的制约，能否在激烈的市场竞争中获得足够大的市场份额来支持这样大的规模，能否避免"大企业病"，等等，都是难以预料的问题。核心竞争力理论认为，企业首先要"做强"，而不应该是"做大"。波特认为："竞争战略考虑的是，企业如何在各个行业中创造竞争优势。公司战略的目的是，让整个企业的力量大于旗下各事业单位力量的总和。"企业只有做强了，才有条件做大。即便是受条件限制，无力做大，中小企业仍然可以通过培育自己的核心竞争力，来取得独特的竞争优势，保持长期性的竞争主动权，获取高于行业平均水平的利润回报，这是一种"核心竞争力经济效益"。因此，核心竞争力理论不但对大企业，而且对中小企业同样具有十分积极的意义。

以上企业经营管理观念上的变化可归纳为两个根本性的要点：一是从资源优化配置角度出发，企业将从原先分散配置战略资源转向集中配置战略资源；二是从培育竞争优势出发，企业将从原先的培育全面性竞争优势转向培育差异化竞争优势。作为迅速兴起的一种新型的企业理论和企业战略管理理论，企业核心竞争力理论显示出独特的生命力。这一理论打破了传统的"企业黑箱论"，并对数十年居于主导地位的现代企业理论提出了挑战，把经济学和管理学有机地结合起来，既从本质上认识和分析企业，又植根于企业经营管理的内部事项，对于我国企业理论的深入研究，对于企业的成长，都有特别重要的意义。

三、现代企业人本管理理念创新分析

以人为本是实现可持续发展、是实现经济的快速发展的前提。企业实行以人为本对企业的人力资源的管理和企业的发展有着重要的指导意义。人本管理就是指以人为本的管理，这种管理模式需要从不同的角度将人作为中心点，万事以人为基础，只有这样才能让企业有更长远更好的发展。

（一）人本管理及其主要内容

1. 人本管理的内涵

人本管理是以人为本的管理，它把人视作管理的主要对象和企业最重要的资源，新生个人价值，全面开发人力资源，通过企业文化建设，培养全体员工共同的价值观，运用各种激励手段，充分调动和发挥人的积极性和创造性，引导全体员工去实现企业的经营目标，依靠全体员工的共同努力促进企业的不断发展，它最核心的任务之一，就是充分调动员工的积极性和创造性以达到个人的自我价值的实现和企业的经营目标的实现。

2. 人本管理的主要内容

以人为中心的管理思想，即以人的管理为核心，以激励人的行为、调动人的积极性为根本，组织员工主动、积极、创造性地完成自己的任务，实现组织的高效益。人本管理的内容主要有：

（1）员工是组织的主体

传统管理理论把劳动者视为生产过程中一个不可缺少的要素和管理的客体，而不注意发挥人的主观能动性。随着社会经济的发展，员工在企业生产经营中的重要作用逐渐被认识，形成了以人为本的管理思想。既然员工是组织的主体，那么管理就离不开员工的参与。在管理的权力分配方面，一般有两种模式：一种是高度集权，依靠严格的管理和铁的纪律，重奖重罚，达到组织目标统一、行动一致，实现工作的高效率；另一种是适度分权，依靠科学管理和员工参与，使个人利益与组织利益相结合，促使员工为了共同的目标而努力工作，达到组织的高效率。当今社会条件下，员工的基本生活已有保证，就业和流动较为容易，政治和社会环境比较宽松，采用适度分权、员工高度参与的模式无疑会更有效。只有全体员工共同努力，才能使组织的各项资源得到最合理的利用，取得理想的效益。

（2）能级原则

为了使管理活动高效有序地进行以及组织目标得以实现，必须在组织系统中建立一定的管理层次，设置与各管理层次相适应的管理职责、规范与标准，规定相应的工作任务和权力，构成相对稳定的组织管理结构系统。然后，按照组织管理结构中各成员的个人能力情况，把他们安排在合适的管理层次和管理岗位上，按照能级对应的原则，充分发挥每个人的能力。管理者要善于发现员工的长处，根据实际工作的需要，做到用人所长。管理者还要注意加强对员工的培训，不断提高员工的个人素质和工作能力，使员工能够承担更具有难度和挑战性的工作，激发其工作积极性。

（3）动力原则

组织管理的效益来源于组织的运行效率，而组织效率的提高从根本上说要依靠人的积极性。人的积极性的产生与维持需要某些动力，正确运用这些动力调动员工的积极性是管理者的责任。在管理活动中，管理的动力来源主要有三种：一是物质动力，指能够满足人的物质需要，并能由此激发人的积极性的因素。由于对物质利益的需要是人的基本需要，物质动力是员工工作的根本动力，也是企业经营管理的重要手段。不过，在使用物质动力时，应注意物质动力对不同人的激励作用的差异，对不同需要的人运用不同类型的物质动力，以获得最佳的激励效果；二是精神动力，指能够激发人的动力的精神方面的因素。与物质动力相比，精神动力具有强烈和持久的特点。由于精神性需要与人们的人生观、价值观相联系，所以，一旦产生和确定，就能够成为强烈和持久的精神动力；三是信息动力，指外部社会与经济发展的信息中对人们起激励作用的因素。信息动力实则是一种竞争的动力。外部环境与组织间的信息交流，使组织能够获得世界发展的情况，了解市场需求，成为组织生存与发展的动力。

在管理实践中，三种动力要综合运用，根据管理的时间、地点、条件的差异，灵活运用管理的动力原则，并且要建立有效的管理动力机制。管理者必须通过有效途径，构造有效而灵敏的机制，控制和协调各种各样动力的方向，促进目标的实现。

（二）理念创新的作用

理念是一种追求，一个企业的理念就是企业全体员工共同的追求，企业的理念可用来指导员工的行为和作为，企业的理念能增加企业向前发展的动力，企业的理念的坚定性程度，对企业的经营活动有着重要的影响，可能会直接影响到企业的成败。对理念的创新是一个企业长远发展的基础，企业只有满足这个条件才能更好地发展，对企业的理念进行创新还有能帮助企业的领导队伍做出正确的决定，甚至还会影响到企业的长远发展或者企业管理的一些行为、企业的积累与员工（股东）分配之间的关系。对企业做出正确的决策、正确的发展方向具有决定性作用。管理层应当对组织的资源进行有效的整合，从而达到组织制定的目标的目的。理念创新在企业的管理中有着重要的作用。企业要适应时代的变化就必须制定出企业的理念，并且严格遵守企业的理念，企业应当将理念作为企业一切活动的导向，因为理念是决定一个企业成功的重要因素之一。一个企业要维持很长时间，它们的管理理念就必须随着社会的变化而变化，需要不断地创新，并将目标保持稳定不变。加入一个企业的管理理念没有创新，那么这个企业就失去了进取，也就没有了希望。

（三）人本管理理念创新

国家需要富强，前提是经济富强，而经济富强离不开企业，一个企业的发展离不开管理，而决定企业管理能否成功就得依靠文化，由此可以看出企业文化的重要性。哪个企业具有文化优势，哪个企业也就在竞争中、发展中具有优势。时期不同、经济的背景对企业文化的影响非常大，企业家必须清楚认识到文化的重要性，时刻对自己的管理理念进行更新，不能以为自己已经成功了这套管理理念就一直有用，必须将目光放向未来，不断地对管理理念中的激励理念、服务理念、经营理念、人本理念进行创新，只有这样才能体现出企业文化应当体现的价值。

1. 激励理念创新

激励理论的基本思路，就是根据人的需要而采取一些相应的管理措施，用来激发人的动机、鼓励人的行为，让人产生动力。所以，人的工作绩效除了跟个人的能力相关以外还与受激励的程度相关。激励是指通过实现员工的个人需求以提高员工的积极性与创造性，引导他们在企业中的行为与企业的目标一致。对于企业管理方面，外企的员工在进入公司后，从面试到通过培训上岗，都重点强调个人的重要性，告诉每个员工，公司非常重视你的存在，只要你努力做好相应的工作就有很好的发展机会，并强调告诉每个新员工，每个人都可能会出人头地。一般在情况下，员工的个人能力发挥会达到80%，个人的作用发挥会达到100%。

2. 经营理念创新

文化管理就是根据本企业的行业特点，制定一套具有本企业特色的文化内涵的经营理念。需要丢弃一些过时的经营管理理念，制定具有本企业文化管理特色的新理念。企业的经营理念的表现方面主要有：以市场为导向，以效益为中心，以创新为主题，以诚信为手段，从不同的方面去提升企业的核心竞争力。

3. 服务理念创新

服务理念决定着企业的长远发展，如果一个企业没有一套好的服务理念注定难走得远。品牌不是一个简单的名字、名词、符号或设计，品牌是它们的总和，每个品牌都有属于自己的服务理念，只有区别与其他企业的服务理念才能使企业具有更高的竞争力。由此可见，服务在企业的品牌的塑造中有着举足轻重的作用，同时也是决定企业产品的竞争力的一个重要因素。在企业文化管理中应当具有企业特色的服务理念。奔驰公司是世界上一个汽车行业的大企业，拥有近百年的历史，其经久不衰的法宝是"保你满意的产前服务""无处不在的售后服务"和"领导潮流的创新服务"的"三服务"理念。奔驰推出这些理念并且为这些理念做出了相应的行动，无论是市场营销还是生产过程以及技术创新等方面都严格实行了其服务理念。

4. 人本理念创新

从"人本管理"的各要素中可以发现，人是管理中的主要对象以及企业的主要资源。人本管理主要包括五个层次：情感管理、民主管理、自主管理、人才管理、文化管理，由此可见文化管理在人本管理中的层次最高，所以要进行"人本管理"就必须铺垫好前面几个层次的基础，并不断对人本管理理念进行创新才能达到文化管理的层次上来。在企业管理中印证了中国的一句古话，"得人心者得天下"，在企业中谁抓住了人，谁也就赢得了荣耀与财富。这也是"人本管理"思想的核心。

（四）人本管理方式的选择和运用

实现以人为本的现代管理，在不同社会经济文化环境之中的企业，由于行业特点、产品性质、员工素质和管理水平上的差异，可以选择不同的具体管理方式，有以下几种管理方式可供选择：

1. 受控式管理

受控式管理是指把对人的管理主要看作是通过行政指令、管理规章制度和标准等来限定和制约员工行为，并通过奖励等控制手段达到提高管理效率和生产经营目标。这种管理方式在生产力水平较低、员工素质不高，特别是那些新企业以及管理基础工作薄弱的企业是较为适应。随着生产力的发展和员工素质的提高，以及企业管理的正规化和制度化，这种管理方式的作用会逐渐减低，处理不当不可能不产生某些消极作用，甚至影响高素质员工创新精神和智慧、才能的发挥。

2. 自控式管理

自控式管理是指加强员工的思想意识，使员工由被动逐渐转向主动，把企业的行政指令和规章制度转化为广大员工的自觉行动，把自觉地按照管理规范操作看作是自己从事生产劳动的一种自由与安全的保证。这种管理方式即继承了泰勒的科学管理的优点，又发挥了社会主义企业政治优势的作用，从而使员工严格按照管理要求进行自我操作、自我检查、自我控制。

3. 诱导式管理

诱导式管理方式要注重对员工提供发挥聪明才智的条件以及晋升和参与管理的机会，激励员工向更高的目标努力，以诱导员工努力工作，提高生产和管理效率。但对企业经营管理要求更高，管理基础工作要求更扎实健全。

4. 灵活式管理

这种管理方式在国外叫作弹性管理，是把管理看作既是一门科学，又是一门高超的艺术，针对每个职工的素质、需要和能力的不同，因时、因地、因环境而异，灵活机动，不拘一格运用不同的管理方式和激励模式，以达到企业管理的最佳效能。这种管理方式不仅要求管理者具有较高的灵活机动的管理艺术，而且要求企业多种激励手段运用得当，尤其是企业群体人际关系的协调、企业形象的塑造、企业文化和企业精神的培育等，都有十分紧密的联系。

5. 学习型组织管理

学习型组织管理是一种全新的组织管理模式，就是充分发挥每个员工创造性的能力，努力形成一种弥漫于群体与组织的学习气氛，凭借着学习、个体价值得到体现，组织绩效得以大幅度提高。其核心就是如何改变组织成员的思维模式，如何建立组织成员的共同信念。建立学习型组织的关键就是通过组织学习来有效地开发组织的人力资源。这种管理方式有利于整合与共享组织信息和知识，有利于组织学习培育和加强团队精神，是对知识工作者的一种激励方式，而且是对他们自我实现愿景的强化，从而促进了知识工作者创造性的发挥。

第二节　经济管理体系下的企业组织创新

一、现代企业管理组织的发展与创新

（一）组织创新的基本概念

1. 组织创新的含义

组织创新是指形成的共同目的认同体和原组织认同体对其成员责、权、利关系的重构，其目的则在于取得新目标的进一步共识。组织创新理论主要以组织变革和组织形成为研究对象，它不是泛指一切有关组织的变化，而是专指能使技术创新得到追求利益的组织的变化。也有研究者却认为，组织创新是指组织受到外在环境的冲击，并配合内在环境的需求，而调整内部的若干状况，以维持本身的均衡从而达到组织生存与发展的调整过程。

2. 组织创新的特点

有学者认为，组织是对资源的一种配置方式，它包括对人力、物力与财力资源及其结构的稳定性安排。它与市场相对称。由此，组织创新意味着资源组合方式的改变。组织创新不论是在内容上、过程上，还是结构上，都表现出一些重要的特点：①组织创新表现为企业功能的完善，即引入许多新的组织因素，进行一些内部结构的调整，以形成较为完整的企业功能；②组织创新是各种社会组织之间的横向联合；③组织创新是企业内部结构的不断优化；④组织创新活动对企业目标和经济技术实力的依赖度很大。

3. 组织创新的类型

按主导形式分，组织创新有三种类型：市场交易型（A 型）、行政指令型（B 型）和混合型（指市场交易与行政手段相结合）。A 型组织创新主要依靠个体利益的诱导，当个体认为参加新的组织能获得大于先前所得的利益时，A 型组织就会出现；B 型组织创新主要依靠权力的驱动，当权力上层发觉重构认同能实现整体的新目标或使旧目标更好地实现时，B 型创新就会发生；混合型创新介于其中，它广泛存在于组织与市场共存的相互作用体系中。

按完成的手段分，组织创新也有三种类型：一是兼并型；二是分割型；三是创建全新组织型。

按组织范围大小和组织成员的多寡分，组织创新可以表现在三个层次上，即制度创新、产业组织创新和企业组织创新，这三个层次相互贯通，互为前提。

组织创新的内容，还可以划分为：人员、观念和文化的创新；组织结构和职权划分的创新；组织任务和流程的创新。

（二）组织创新的驱动因素

所谓组织创新的诱导因素是指那些促使企业进行组织创新或人们对组织创新感兴趣的因素。归纳起来，关于组织创新诱因的研究大致有"三因素"说、"两因素"说、"单因素"说等几种观点。

"三因素"说中：有学者认为，组织创新的诱因有技术推动、市场导向、政府调控三种模式。技术创新过程就是技术从无到有、从思想到实物、从不成熟到成熟、从实验室走上市场的过程。这个过程要求并推动与之相适应的组织形式的变化与创新。市场诱发下的组织创新主要服务于创新性技术成果的商品化，形成以技术市场为依托的各种组织形式。也有学者认为，不同的组织存在形式是组织在技术要求、内部管理的有效性和与外部环境进行交易的费用这三者之间的权衡的结果，首先，一定的技术要求有相适应的组织方式和结构。其次，由于组织所包含的是具有个别利益的主体，因而它的存在是以个别对目标的共识为先决条件的。再次，组织作为目的认同体在实现共同目的的过程中需要合理地配置其成员的责、权、利关系和他们与资源的搭配。因此必然要付出一定的内部管理费用。最后，组织总是存在于一定的环境中，组织的功能总是通过它与外部环境的交易体现出来。有交易就有交易费用，它来自制度对权利的模糊界定，也来自客观存在的物理上的距离和语言、文化心理、民族习惯上的差距，这些交易费用是市场运作的费用。只要存在市场，组织就不能回避。外部交易费用从另一个角度决定了组织的规模及其存在方式。

新制度学派认为，组织创新有三方面的来源：一个是要素相对价格的变化，一个是经营规模的变化，还有是发明的结果。在第一种情形下，企业将面临某一要素相对价格的降低。在给定的时间内，它将会改变生产流程，从而更多地利用那些投入要素相对便宜了的生产流程，较少使用相对价格上升了的生产流程。就第二种情况而言，如果某些流程的资本投入不是无限可分的，那么，市场规模的扩大可能会使企业改变它的要素组合，以使用更多的资本而较少地使用劳动。另外，有些安排创新并不依靠要素价格或企业规模的变化，它们只是发明的产物，完全取决于关于创新安排的知识的扩散以及现存安排的寿命。

（三）传统组织结构及其对组织创新的影响

传统的组织结构通过强调理性思维和决策的作用，解决了组织环境和员工人际关系的不确定性。

组织结构的运行必须严格遵从法律和规章制度。因为在组织环境中，个人更关注自己的"任务"和"等级"，而不是新观念的产生和问题的解决。当代的市场发展的实践证明，组织的各个组成部分之间经常性的、开放式的交流对于创新性产品的开发是至关重要的，传统的组织结构不但会引起保守的思想，而且会妨碍有效地解决问题和交流信息。

传统组织结构对创新的消极影响的一个后果，就是由于上级对下级所从事的专业领域内的工作并不熟悉，由下级提出的新颖性观念因此可能会遭到否定。因为每个官员的知识仅仅局限于自己的专业领域之中。如果上级缺乏下级任务范围内的专业知识，那么他们就有可能否决有价值的观念。所以，有潜在价值的观念就有可能失去证明其价值的机会，从而个人的创新潜力在组织的管理层就被预先扼杀了。

近年来，越来越多的研究者意识到传统组织运作机制以及决策机制的不合理性和对当代社会变化的不适应性。而且越来越多的人意识到，在现代商业社会里，快速变化的组织活动要求组织中的个人能够接受模糊不清的事物，而不是永远小心谨慎地做出结论。因此，组织在处理复杂的综合信息时，个人创新潜力的发挥也就显得更为重要了。

（四）组织创新与企业的可持续发展

面对竞争，企业只有不断地创新才能生存和发展。无论是企业技术创新还是企业的制度创新，都需要企业组织创新的有效配合。

1. 组织创新要致力于企业的核心能力提高

从根本上说，组织创新要有利于培育、保持和提高企业的核心能力，赢得竞争优势。在短期内，企业的竞争优势来源于其当前产品的价格及性能属性。从长远看，企业竞争优势来源于比对手更低的成本、更快的速度去发展自身的能力，来源于能够生产大量具有强大竞争能力的产品的核心能力。企业的核心竞争能力表现为特殊性，与众不同和难以模仿。无论是知识经济，还是信息经济，人越来越成为核心竞争能力的最重要载体，人力资源是最宝贵的。改变传统的组织模式在新环境下对人的束缚，极大地发挥人的主观能力性成为必要条件。因而，组织创新必须有利于企业核心竞争能力的提升。

2. 组织创新要致力于提高企业的动态能力

动态能力的基本假设是组织的动态能力能够使组织适应环境的变化，从而使组织获得持久的竞争优势。"动态"是指适应不断变化的市场环境，"能力"是指战略管理在更新企业自身能力以满足环境变化的要求方面具有关键作用。我们根据所知道的关于企业组织的理论很容易明白，组织的变革与创新的目的就是使组织不断适应环境变化的。可见企业通过组织创新以达到提升企业的核心竞争能力和动态能力，使企业生存、发展、壮大，实现可持续发展。从这个角度上来看，制度经济学所提出的"制度是第一生产力"是很有道理的，我们在这里可以解读为，组织创新是组织不断发展壮大的最重要的驱动因素。

反之，企业的可持续发展也使企业积累了宝贵的创新精神和创新经验，积累了组织创新的必要资本。可见企业组织创新与企业成长是一种互为因果，相互促进的关系。

二、企业人力资源管理的创新性

（一）人力资源管理创新在新经济时代企业发展过程中的重要作用

1. 人力资源管理创新是企业深化改革的必然要求

要发展现代化的市场经济，实现全面的社会化大生产，企业必须完善现代化的管理制度，如果要完善这种现代化的管理制度，企业内部就要加强内部人力资源的管理和开发工作，只有不断地挖掘出适宜企业发展的人才，才能够建立起适合事业发展的现代化管理机制，全面实现企业的大规模生产。

2. 人力资源管理创新是可以提高企业的市场竞争力

对人力资源的管理进行创新，其本质就是对企业人才的创新，要发挥出人才工作的积极性，为企业创造出最大的效益，推动企业的技术变革，就必须大力推进企业内部人力资源的管理创新工作，这样不仅可以帮助人才掌握更多的先进技术，也可以将人才的优势发挥到最大化，帮助企业开发出更多的产品，拓宽企业的发展市场，从根本上提高企业的经营利润。

3. 实施人力资源创新管理可以帮助企业打造一支优质的管理队伍

企业的管理水平高低在根本上影响着企业经营过程中的经济效益，企业管理队伍也是企业的核心因素，管理人员水平的高低，直接决定着企业经营的成败。因此，企业的发展急需专业能力较强的管理者，从这一方面而言，企业只有不断地加快人力资源管理机制的创新工作，完善激励机制以及人才管理机制，为企业的管理营造出一个良好的环境，保证管理人员能够将全部的精力投入企业的管理和经营过程中，实现企业效益的最大化。

（二）我国企业人力资源管理创新的对策

1. 转变观念，真正树立以人为本的管理理念

在我国的许多企业，对人力资源管理作用的认识仍存在偏颇，其人力资源管理者未充分理解人力资源管理的重要职责是协调和监督，而是视之为权力集中部门，从而造成权限集中、管理脱节、有失公平和激发矛盾等问题，严重影响了企业的战略实施和创新发展的顺利进行。

要树立全体员工皆人才的"大人才"观念，将所有的成员都看作是企业的资源，尊重员工，信任员工，鼓励全体人员参与管理。在《现代汉语词典》里对"人才"有这样几种解释：①德才兼备的人；②有某种特长的人；③指美丽相貌端庄的人，概念的多样性注定了难以对人才与非人才的界定。拿破仑曾经这样说过"世上没有愚蠢的士兵，只有愚蠢的将军"。"尺有所短，寸有所长"，每个职工因个人天赋和成长道路不同，其学识、专长、经验也不可能一样，但只要赋予适当的条件，使每个职工把潜在的能量发挥出来，最大限度地发挥个人积极性和创造性，就可能成为"人才"，为企业发展增添新的动力，成为企业一笔莫大的财富，从这里说，人才就是生产力。同时，重视职业和技术的培训，加大对员工教育方面的投资，不断提高职工人力资本的存量和综合素质，在工作中充分考虑到员工的成长和价值。促使员工发挥自身潜力，为企业实现更大的经济效益。

2. 建立有效的激励约束机制，促进人才的脱颖而出

根据心理学家的需求层次理论，人有生理、安全、社交、自尊和自我实现五个层次的要求，不同的要求需要不同的激励方式，当合理的要求得到满足时，就会激发员工的工作积极性与主动性。首先，要引入竞争机制。竞争带来压力，也带来动力，更激发了活力，企业在竞争中求生存，职工则在竞争中求发展。对一个人来说，越是富有挑战性的工作，越能激发其热情，从而获得工作后的自我满足感。在竞争中，既要坚持德才兼备的原则，又要坚持公开、公平的原则。其次，要建立合理的分配激励机制，以绩效导向为核心，使职工收入与劳动成果、企业效益结合，形成重实绩、重贡献的分配激励机制。最后，建立有效的考核机制。没有考核，将会滋生惰性，一个没有压力感、危机感和紧迫感的人是难以成才的。通过制定科学合理的人才绩效考核体系，考核结果要奖惩兑现，赏罚分明。

3. 对人力资源进行优化配置

企业的最终目的是盈利，只有合理配置人力资源，才能实现企业利润的最大化。人是配置的中心，一切都要围绕人来进行。如何在合适的时间、合适的地点、用合适的人选、最满意地完成工作，并且使从事人员获得最满意的薪酬，企业获取最大的利益，这是一个企业获得成功和持续发展的关键。这就要求企业的人力资源管理部门随企业要求和环境变化而不断实现有效的资源配置，同时将配置过程中遇到的问题进行协调，使之最优化。

4. 构建良好的企业文化，提升企业凝聚力

人的潜能的发挥与企业的人文环境密切相关。实践证明，一个人在领导公正廉明、人际关系和谐的企业环境中，不仅能有效发挥学识、专长，还可以充分展现潜能。构建良好的企业文化，提升企业凝聚力，以企业价值观、企业文化来引导员工。任何企业里，管理制度总有管不到位的地方，而企业文化则无孔不入。良好的企业文化可以说是一个企业的灵魂，一个企业的性格和习惯，它不但可以有效地引导员工工作行为，还能充分激发出员工的工作积极性和创造性，为企业共同目标而努力。可以毫不夸张地讲，企业文化的建设将是能够长期稳定发展的一个重要保证。还有重要的一点就是，企业要真心实意为职工办实事，提高员工的满意度和忠诚度；人力资源管理者也要"诚"字当先，率先垂范，只有这样才能切实提高管理制度的执行力。

5. 利用信息平台，面向社会，寻求人力资源

信息作为一种媒介，是企业生存环境的重要组成部分。在现代人力资源管理制度中信息融合于每一个环节，并起着重要的作用。信息资源的合理开发利用意义巨大。快速全面地掌握、消化、吸收、运用，使之成为企业发展重要力量，这对企业来讲极为关键。结合公司实际情况，建立健全人力资源的开发、聘用制度，通过信息平台了解社会人力资源市场，积极吸纳系统外各种优秀人才，补充到公司所需岗位上，走出去，迎进来，以其之长补己之短，不断满足人力资源需要。

在21世纪经济全球化的背景下，人力资源成为企业发展的最活跃、最积极的要素之一，人力资源管理部门也已经逐渐由功能性部门转变为企业经营业务部门的战略伙伴，更多地从事战略性人力资源工作。企业只有在这快速而剧烈改变的竞争环境中进行人力资源管理的创新与变革，才能为企业创造财富并保持竞争优势，才能在日益激烈的竞争中立于不败之地。

三、现代企业管理组织中财务管理创新

(一) 财务管理观念的更新

知识经济时代的到来，客观上要求企业财务人员必须树立新的财务管理观念。

1. 人本化理财观念

人的发展是人类的最终目标，人是发展的主体和动力，也是发展的最终体验者，从而把人类自我发展提到了经济和社会发展的中心地位。据此可以看出，重视人的发展与管理观是现代管理发展的基本趋势，也是知识经济的客观要求。企业的每一项财务活动均是由人发起、操作和管理的，其成效如何也主要取决于人的知识和智慧以及人的努力程度。企业财务管理人员只有树立"以人为本"的思想，将各项财务活动"人格化"，建立责权利相结合的财务运行机制，强化对人的激励和约束，才能充分调动人的积极性、主动性和创造性，这是企业顺利而有效开展财务活动、实现财务管理目标的根本保证。竞争与合作相统一的财务观念。当代市场经济竞争中出现了一个引人注目的现象，这就是原来是竞争对手的企业之间纷纷掀起了合作的浪潮。在知识经济时代，一方面，信息的传播、处理和反馈的速度以及科学技术发展的速度均越来越快，这就必然加剧市场竞争的激烈程度，哪个企业在信息和知识共享上抢先一步，便会获得竞争的优势；而另一方面，信息的网络化、科学技术的综合化和全球经济一体化，又必然要求各企业之间要相互沟通和协作。这就要求企业财务管理人员在财务决策和日常管理中，要不断增强善于抓住机遇，从容应付挑战的能力，在剧烈的市场竞争中趋利避害，扬长避短，同时也要正确处理和协调企业与其他企业之间的财务关系，使各方的经济利益达到和谐统一。

2. 风险理财观念

在现代市场经济中，市场机制的作用，使任何一个市场主体的利益都具有不确定性，客观上存在着蒙受经济损失的机会与可能，即不可避免地要承担一定的风险，而这种风险，在知识经济时代，由于受各种因素影响，将会更加增大。因此，企业财务管理人员必须树立正确的风险观，善于对环境变化带来的不确定性因素进行科学预测，有预见性地采取各种防范措施，使可能遭受的风险损失尽可能降低到最低限度。

3. 信息理财观念

在现代市场经济中，一切经济活动都必须以快、准、全的信息为导向，信息成为市场经济活动的重要媒介。而且，随着知识经济时代的到来，以数字化技术为先导，以信息高速公路为主要内容的新信息技术革命，使信息的传播、处理和反馈的速度大大加快，从而使交易决策可在瞬间完成，经济活动空间变小，出现了所谓的"媒体空间"和"网上实体"。这就决定了在知识经济时代里，企业财务管理人员必须牢固的树立信息理财观念，从全面、准确、迅速、有效地搜集、分析和利用信息入手，进行财务决策和资金运筹。

4. 知识化理财观念

知识成为最主要的生产要素和最重要的经济增长源泉，是知识经济的主要特征之一。与此相适应，未来的财务管理将更是一种知识化管理，其知识含量将成为决定财务管理是否创新的关键性因素。因此，企业财务管理人员必须牢固树立知识化理财观念。

（二）财务管理目标的创新

现代企业财务管理的目标是"股东财富最大化"（它比"利润最大化"这一财务管理目标前进了一大步）。然而，这一管理目标是与物质资本占主导地位的工业经济时代是相适应的，在知识经济时代，企业财务管理目标不仅要追求股东利益，而且也要追求其他相关利益主体的利益和社会利益。

知识经济时代的到来，扩展了资本的范围，改变了资本结构。在新的资本结构中，物质资本与知识资本的地位将发生重大变化，即物质资本的地位将相对下降，而知识资本的地位将相对上升。这一重大变化决定了企业在知识经济时代里不再是仅归属于其股东，而是归属其"相关利益主体"，如股东、债权人、员工、顾客等。他们都向企业投入了专用性资本，都对企业剩余做出了贡献，因而也都享有企业的剩余。正是在这样的背景下，新制度学派认为，企业的利益是所有参与签约的各方的共同利益，而不仅仅是股东的利益。

1. 财务目标多元化

财务目标不仅要考虑财务资本所有者的资本增值最大化、债权者的偿债能力最大化、政府的社会经济贡献最大化、社会公众的社会经济责任和绩效最大化，更要考虑人力资本所有者（经营者与员工）的薪金收入最大化和参与企业税后利润分配的财务要求。

2. 财务责任社会化

从利益相关者的角度出发，企业既要考虑资本投入者的财务要求，又要兼顾企业履行社会责任的财务要求。因为知识资源与物质资源的一个明显差别是知识具有共享性和可转移性，它使得企业与社会的联系更加广泛而深入，而企业对知识的要求和应用将又取决于社会对知识的形成和发展所做出的贡献。因而，企业必须履行社会责任，这样既有助于企业实现其经营目标，也有助于其在社会大众中树立良好的形象，更有助于其自身和社会的发展。

企业履行社会责任，如维护社会公众利益、保护生态平衡、防止公害污染、支持社区事业发展等，既有助于实现其经营目标，也有利于在社会大众中树立其良好的形象。知识经济时代不同于工业经济时代，知识资源与物质资源之间的一个明显差别是知识具有可享性和可转移性，它使得企业的社会联系更加广泛而深入，企业对知识的要求和应用将更加取决于社会对知识形成和发展所做的贡献，从而也就要求企业更加重视其社会责任。这就表明，在知识经济时代，企业的社会目标在企业目标结构中的地位必将提高。

（三）财务管理内容的创新

在工业经济时代，企业财务管理的对象主要以物质运动为基础的物质资本运动，其内容主要包括物质资本的筹集、投入、收回与分配，以及实物资产的日常管理等。而在知识经济时代，知识资本将在企业资本结构中占据主导地位，因而它将成为企业财务管理的主要对象，与此相适应，企业财务管理的内容也必将发生较大的变化。

1. 融资管理的创新

企业融资决策的重点是低成本、低风险筹措各种形式的金融资本。知识经济的发展要求企业推进融资管理创新，把融资重点由金融资本转向知识资本，这是由以下趋势决定的：知识资本逐渐取代传统金融资本成为知识经济中企业发展的核心资本，国外股份选择权制度的出现使科技人员和管理人员的知识资本量化为企业产权已成为现实；金融信息高速公路和金融工程的运用，加快了知识资产证券化的步伐，为企业融通知识资本提供具体可操作的工具；企业边界的扩大，拓宽了融通知识资本的空间。无形资产将成为企业投资决策的重点。在新的资产结构中，以知识为基础的专利权、商标权、商誉、计算机软件、人才素质、产品创新等无形资产所占比重将会大大提高。

2. 投资管理的创新

中国加入 WTO 后，国内市场国际化和国际市场国内化都在不断发展，企业投资不能只是面对国内市场，还必须面向国际市场。而国际市场上的外汇风险、利率风险、通货膨胀风险以及东道国政治风险和法律政策变动风险等，都会对企业财务管理产生一定的影响。这就要求企业必须进行周密慎重的可行性研究，运用定量和定性的分析方法，计算决策指标，同时聘请有关专家担任顾问，减少投资的盲目性和风险性，注意所面临的各种风险的防范与控制。

风险管理将成为企业财务管理的一项重要内容。在知识经济时代，由于受下列等因素的影响，将使企业面临更大的风险：第一，信息传播、处理和反馈的速度将会大大加快。如果一个企业的内部和外部对信息的披露不充分、不及时或者企业的管理当局对来源于企业内部和外部的各种信息不能及时而有效地加以选择和利用，均会进一步加大企业的决策风险。第二，知识积累、更新的速度将会大大加快。如果一个企业及其职工不能随着社会知识水平及其结构的变化相应地调整其知识结构，就会处于被动地位，就不能适应环境的发展变化，从而会进一步加大企业的风险。第三，产品的寿命周期将会不断缩短。像电子计算机等高科技产业，其产品的寿命更短，这不仅会加大存货风险，而且也会加大产品设计、开发风险。第四，"媒体空间"的无限扩展性以及"网上银行"的兴起和"电子货币"的出现，使得国际间的资本流通加快，资本决策可在瞬间完成，使得货币的形态发生质的变化，这些均有可能进一步加剧货币风险。第五，无形资产投入速度快，变化大，它不像传统投资那样能清楚地划分出期限与阶段，从而使得投资的风险进一步加大。所以，企业如何在追求不断创新发展与有效防范、抵御各种风险及危机中取得成功，便是财务管理需要不断研究解决的一个重要问题。

3. 财务分析内容的创新

财务分析是评价企业过去的经营业绩、诊断企业现在财务状况、预测企业未来发展趋势的有效手段。随着企业知识资本的增加，企业经营业绩、财务状况和发展趋势越来越受制于知识资本的作用，对知识资本的分析也因此构成财务分析的重要内容：评估知识资本价值，定期编制知识资本报告，披露企业在技术创新、人力资本、顾客忠诚等方面的变化和投资收益，使信息需要者了解企业核心竞争力的发展情况。设立知识资本考核指标体系包括创新指标、效率指标、市价指标、稳定指标、知识资本与物质资本匹配指标和综合指标。

4. 财务成果分配方式的创新

财富分配是由经济增长中各要素的贡献大小决定的。随着知识资本成为经济增长的主要来源，知识资产逐渐转变为财富分配的轴心，财务分配方式的创新需要：①确立知识资本在企业财务成果分配中的地位，使知识职员及利用知识的能力在总体上分享更多的企业财富；②改革以工作量为基础的业绩评估系统，如利用（经济价值树）技术来界定职工、小组所创造的价值；③建立因人付薪、以个人所创造价值的合理比例为基础的分配机制，如股票期权、知识付酬、职工持股、职业投资信托等。

（四）财务管理手段的创新

经济全球化，使企业跨地域、跨国家的生产经营活动日益频繁、传统的理财手段不能满足企业财务管理的新要求。所以，运用网络财务管理系统，实现财务信息快速传递和处理已十分必要。网络财务是基于网络技术的发展，为企业提供网络环境下的财务管理模式和财会工作方式，而使企业实现管理信息化的财务系统。网络财务可以实现以下功能：财务与业务的协同化；财务信息无纸化；资金收付电子化；工作方式网络化；数据、报表在线处理，远程传递等。

（五）财务报告模式的创新

随着知识经济时代的到来，各方面对会计信息的需求发生了质的变化。信息的使用者不但要了解企业过去的财务信息，更须 了解企业未来的以及非财务方面的信息，尤其是对知识和技术给企业创造的未来收益更为关注。为适应知识经济条件下，信息使用者对信息的新需求，传统财务报告模式应进行相应调整：

1. 增设无形资产等重要项目的报表

无形资产是今后财务报告披露的重点，它包括各类无形资产的数量与成本、科技含量、预期收益及使用年限等内容。另外，还须增加非财务信息，包括企业经营业绩及其前瞻性与背景方面的信息。这些项目所提供的信息，均是信息使用者判断企业未来收益多少与承担风险大小的重要依据。

2. 增设人力资源信息表

通过编制人力资源信息表，披露企业人力资源的结构、年龄层次、文化程度、技术创新能力、人力资源的投资、人力资源收益、成本、费用等方面的信息。

3. 披露企业承担社会责任方面的信息

企业要步入可持续发展的轨道，必须承担相应社会责任。在消耗资源、创造财富的同时，保护好环境，把近期利益与长远利益有机结合起来。通过披露企业有关资源消耗、土地利用及环境污染等方面的信息，了解该企业应为其行为负多大的社会责任，让信息使用者更正确地认识企业。

第五章 区域经济协调创新发展

第一节 劳动地域分工理论

一、对劳动地域分工的基本认识

（一）分工是人类社会经济发展的固有现象

分工是人类社会经济发展自始至终存在的永恒的重要现象，是一条重要的社会经济规律。人类在其发展演变过程中，为了生存就需要劳动，而劳动需要依靠分工合作这一集体力量来进行。人类最早的分工是自然分工。在早期的原始氏族社会内部，男女分工较明确，男子负责事物的获取及保卫家园，如捕鱼、狩猎、进行战争，女性则管家、制作食物和衣服。这即是母系社会的分工。由于进行了原始的自然分工，人类才能在最低的生产力水平条件下，维持最低的生活，并促进了社会生产力的缓慢发展和早期社会分工的出现。

随着生产力的发展，各个原始部落开始有了某些相对剩余物，又由于各地区自然条件不同，山地、平原地区以采集、狩猎为主，临海、临河区域则将捕鱼作为获取食物的主要途径，这样在不同公社之间便开始了原始的产品交换。不同的公社基于自身环境的优势获取到不同的生产生活资料。这样的自然差别，引起了不同公社之间的产品交换。从此，就出现了以产品交换为前提的早期部门分工与地域分工，人类社会逐渐地由自然分工进入社会分工阶段。

在原始氏族社会后期，开始陆续地实现了三次社会大分工。首先是畜牧业的分离和农业部门的形成，出现了畜牧业和农业两大部门，实现了第一次社会大分工。其次，又有手工业从农业大部门中分离出来，实现了第二次社会大分工。在原始氏族社会向奴隶社会过渡时期，又产生了商业，出现了商人和高利贷者。最后，在商业和手工业比较集中的地方，开始形成早期的城市，这样就实现了第三次社会大分工。

三次大分工推动了社会生产力的发展，随着社会生产力的发展，又要求新的分工。到了资本主义萌芽阶段，手工业内部的分工日益明显。例如，在我国的封建社会后期，手工业部门已有"三百六十行"之说。以大机器生产为标志的产业革命，加剧了部门分工的进程。几次产业革命都促进了部门分工的大发展，乃至形成今天这样错综复杂的部门分工的局面。部门大分工推动了企业内部的分工和现代城市像雨后春笋般地发展，更带动了地域分工的不断深化。即便到了知识经济时代，部门分工与地域分工仍将不断深入下去，只不过其内容与形式有所变化而已。

（二）劳动地域分工是劳动部门分工在地域上的体现和落实

劳动部门分工即人类经济活动按部门所进行的分工。目前，世界各国对众多产业部门的划分方法不一，一般分为第一产业，包括农业、林业、牧业、渔业等；第二产业，包括采掘业、加工业、建筑业、电子工业等；第三产业，包括交通运输业、商业贸易、科技文教、金融、通信信息、旅游、服务；有的还提出第四产业，即高科技领域。今后，随着科技革命的不断深入和生产力的进一步发展，部门分工还将进一步深化下去。

劳动地域分工是劳动社会分工的空间表现形式。产业的部门分工必然在不同尺度的空间关系中表现出来。在人类的社会物质生产过程中，各个地区遵循比较利益的原则，把各个产业部门和企业落实在各自有利的地域上，实现地区之间的分工。地域分工能够超越自然条件的限制，如某一国家或地区不能生产某种产品，须由其他国家和地区输入或降低生产成本，实现地区之间的分工。

劳动部门分工是劳动地域分工的基础，没有劳动部门分工，也就不会有劳动地域分工，有了部门分工，就必然要把各个部门落实在具体地域上。随着生产力的发展，部门分工不断精细，地域分工不断深化，从而进一步推动了生产力不断向前发展。

（三）劳动地域分工是人类经济活动的内在因素

分工与人类经济活动（特别是产业活动）密不可分，生产需要分工，分工又推动生产和人类经济活动的发展，因此，分工是人类经济活动领域的重要内容。

人类经济活动包括多方面的内容，并从许多方面表现出来，它主要通过生产技术领域、管理领域和分工领域等方面促进社会生产力的不断提高和社会经济的不断发展。

人类经济活动的技术领域，主要是通过能源动力的不断变革、生产工具的不断创新和科学技术的不断进步来促进社会生产力的不断提高。技术领域是人类社会经济活动的首要领域，从而体现了科学技术是第一生产力的基本原理。人类主要依靠科技进步，带动能源动力和生产工具以及交通运输工具的不断变革，持续不断地把生产力发展水平从一个阶段推向另一个新的阶段。

人类经济活动的管理领域包括生产管理、经济管理、技术管理、环境管理、行政管理、部门管理和地域管理等诸多方面，通过不断提高管理水平及管理规范化和现代化的手段，来不断提高人类社会经济活动的社会、经济、生态效益和社会劳动生产率。

人类社会经济活动的分工领域也是一个十分重要的领域。人们通过企业内部分工、部门分工和地域分工，实现部门专业化与部门的优化组合、地域专门化和地域的优化组合相统一的合理的产业布局，最大限度地节约社会劳动，促进商品的流通与交换，加速世界经济的一体化进程，从而极大地提高了社会劳动生产率，促进了产业的迅速发展。

（四）劳动地域分工促进生产力的发展

在人类社会经济（产业）活动中，提高社会生产力的途径是多方面的，而劳动地域分工则是其中的一个重要方面。

在前资本主义社会，自给自足的自然经济占主导地位，劳动部门分工和劳动地域分工都不发达，各个地域几乎都生产相同产品，即使生产不同产品，也主要是为了满足当地的需要，而地域之间的经济联系很薄弱，生产力水平较为低下。到了资本主义时期，由于部门分工的大发展和地域分工的不断深化，部门专业化和地域专门化已成为社会经济的普遍现象，各个地区都可以充分发挥自己的优势，集中生产一种或几种产品，以其产品与其他地区交换。由于择优地进行分工，使生产向优势区位集中，因此，可以最大限度地节约社会劳动时间，成倍地提高社会劳动生产率。

分工与生产发展的关系是：生产要求分工，生产必须分工，分工又必然推动生产的发展，生产的发展又要求新的分工，即沿着"生产→分工→生产发展→进一步分工→生产再发展"的模式，不断向前发展下去。分工的发展水平必然反映在生产力的发展水平上。

（五）劳动地域分工推动世界经济一体化形成发展

分工与联系是人类经济活动过程中紧密相连的两方面。分工是联系的基础，分工程度越高，规模越大，地域间的联系也越紧密。在前资本主义后期，首先是在一国之内，形成"小地方市场之网"，在资本主义迅速发展时期，城市体系、经济区体系、国内市场体系，即国内分工体系逐渐形成。随着地域分工在世界范围的扩展，形成了世界市场体系和全球的国际分工体系，并形成了错综复杂的世界经济地域系统。

（六）劳动地域分工呈现新形式与新特点

随着新科技革命的发展，部门分工不断细化，同时，综合集成趋势也愈发明显。部门分工深化主要表现在产业链的延伸及新部门的产生上。同时，伴随着电子通信技术的广泛应用、现代物流业的兴起，多部门的联系与集成得到实现。

地域分工出现了许多新的地域组织形式，并具有许多新特点。跨国公司是新形势下出现的新事物，对国际地域分工与跨国公司总部所在国家的地域分工均有深远的影响。区域集团化的新发展，以欧洲联盟与东南亚国家联盟的迅速发展最为典型。随着信息技术的发展和信息流动与产业的结合，网络地域系统将会成为经济地域系统中新的地域组织形式。

二、劳动地域分工的经济地理内涵

（一）劳动地域分工形成发展的动力机制和利益取向

社会生产力是劳动地域分工形成发展的根本动力，劳动地域分工又反作用于社会生产力，两者相互联系、互为作用，共同促进社会经济的发展。而劳动地域分工的动因及其追求的目标，则是获取最大的经济社会效益与生态效益。

在不同的社会经济形态条件下，劳动地域分工形成发展的动力机制和利益取向是不同的。

人类社会分工的动力是生产力，其中最为主要的是发明与科技创新。在资本主义社会以前的人类社会发展的上百万年的过程中，由于生产工具变革十分缓慢和停滞不前，分工发展十分缓慢。火的发明改变了人类的生活条件，但对生产条件改善甚微。铜的应用初步改变了农业和手工业条件。铁器的应用是农业社会生产力发展的基础，在漫长的农业社会中，由于没有其他重大的技术创新，农业社会生产力长期停滞不前。蒸汽机的发明，电力的应用，核能的应用，由此而来的大机器生产和电子计算机的应用及交通运输工具的不断变革，使近 300 年的工业社会发生了天翻地覆的变化，从而实现了部门与地域的大分工。到了知识经济社会，这种分工还会以新的形式向前推进。

在生产力的带动下，人类社会的分工，不断地由简单到复杂，由低级到高级，分工的利益取向不断扩大，最后实现经济、社会、生态的协调发展。

（二）部门分工是劳动地域分工的基础

部门分工是社会分工的基础，也是劳动地域分工的基础，资源的开发和地理环境的变化与部门分工的发展状况直接相关。

回顾人类的发展史，就是一部部门分工的历史，从自然分工到三次社会大分工，进而到产业革命之后的部门大分工，直至形成当今世界错综复杂、五花八门的部门分工系统。

能源动力的变革、生产工具和交通工具的变革是部门分工的原动力，纵观科技和生产力发展及其推动部门分工的发展状况，可以看出：①发明与科技创新是部门大分工的根本动力。能源动力变革是推动力，进而带动生产工具的变革和交通工具的变革，在此基础上，带动了部门分工。②部门分工的内容与水平直接受能源动力变革及其状况的制约。如前资本主义时期，能源动力为人力、兽力和水力，除生产工具和交通工具与此相适应外，其主要生产部门为农业、畜牧业、手工业和主要以水力带动的工场手工业。第一次科技革命则以蒸汽机的发明与利用和煤铁的大规模开发为标志，带动了现代纺织工业、煤炭工业、钢铁工业和机械工业部门的形成以及蒸汽火车、轮船等现代交通工具的出现。第二次科技革命以电力、内燃机为主，从而带动了电力机械和内燃机械等生产工具的出现。在此基础上，才能出现内燃机车、电力机车、汽车、飞机和内燃机船舶等现代交通工具。这样必然促进石油工业与天然气工业、电力工业、有色金属工业、化学工业、汽车工业、船舶制造业、飞机工业、现代农业（农机工业的带动）和食品加工业等部门的形成和发展。其他阶段的情况与此同理，在此不再赘述。③第三产业状况直接受生产力发展水平与部门分工状况所制约。如前资本主义时期，只能形成商业与饮食服务业。到第二次科技革命时期，众多新生产部门必然促进航空业、公路运输业、远洋运输业、通信业、旅游业、金融保险业和科技教育等新的第三产业部门的形成与发展。④能源动力、生产工具、交通工具、主要生产部门与非物质生产部门的形成与发展是渐进的，几次科技革命则是质的飞跃，把发展推向一个新的阶段。总之，生产力的发展和部门分工的深化，就是在量变与质变过程中向前发展的。需要指出的是，生产力与部门分工的发展具有叠加式和继承性特点，新的生产力和主要部门的形成并不意味着已有的消失，而是继续发挥作用。在当今的后进地区，前资本主义时期的生产工具与生产部门的存在就是很好的说明。只有在社会经济不断发展，旧的生产工具可能被逐渐淘汰的时候，老的生产部门才会不断地运用新技术进行武装，并改变其面貌。

（三）地理条件与社会分工

地理条件包括自然条件、经济条件和社会条件，即社会分工的地理环境和资源环境。地理条件差异是社会分工（包括部门分工和地域分工）形成发展的基础。社会分工与地理条件两者同属社会历史范畴，是一个动态概念。如前所述，社会分工的水平和内容随着生产力的不断发展而不断提高和复杂化，而生产力的不断发展和部门分工的不断深化（新部门的不断形成），对地理条件又不断地提出新的要求，许多新的资源陆续投入社会分工中去，地理条件（包括资源条件与地理环境）也在不断地被改变着。

在原始氏族社会末期，当人类社会由自然分工进入社会分工阶段，自然条件的地域差异则是早期地域分工的自然物质基础。那时，由于原始氏族部落各自所处的地理条件不同，有的以牧业为主，有的以农业为主，因而各自的剩余产品不同。这样才实现了不同地域、不同产品的早期地域分工与交换。

在农业社会，社会分工的地理条件，主要是农业自然条件，其中土地、气候与水资源是地域分工的主要条件。此外，还投入了区际商品交换的铜、铁、金、盐等矿产资源。原始的交通条件和一定数量的人口条件，也为地域分工提供了前提。农业社会对自然环境的破坏，主要来自毁林开荒及其造成的水土流失。

工业社会是部门大分工和资源大开发的社会。以蒸汽动力变革为代表的产业革命，带动了煤、铁资源的广泛开发和棉花种植业与养羊业的发展；由于工业城市雨后春笋般的发展，带动了建材原料的开发。以电力和内燃机的广泛应用为代表的第二次科技革命，带动了石油、天然气、铜矿、铝矿和化工原料的开采，煤、铁、森林资源等的进一步开发。以原子能和计算机为代表的第三次科技革命，把有色和稀有金属矿的开采推到首要地位；由于经济的快速发展，上述工业资源的开采也有增无减，农业用地也在不断扩大。工业大发展和资源的过量开发，造成了全球性的环境、城市与资源问题。

第四次科技革命以信息技术革命为标志，将改变工业社会的生产方式，信息产业将成为首要的产业，新能源、新材料、生物工程与海洋工程等将会形成新的重要产业部门。

总之，人类进入工业社会以后，由于社会分工和商品经济的发展，工业资源对社会分工的影响不断扩大，而每次科技革命都使一些新的矿产资源投入劳动地域分工中去。位置与交通信息条件，人口与劳动力条件，尤其是高素质的劳动力以及经济条件与社会条件等，对社会分工的影响日益增强，而自然资源的影响作用将会不断减弱并具有新特点。

社会分工不是一个纯抽象的经济学概念，而是一个与地理条件紧密结合，包含丰富地理内涵的、动态的物质实体。

（四）不同时期的劳动地域分工

劳动地域分工是劳动社会分工在地域上的体现与落实。在科学技术及生产力发展的推动下，部门分工主要体现在产业部门的增多和部门联系的日益密切上；地域分工主要体现在地域专门化趋势上。

1. 前资本主义的地域分工

早期的地域分工是从原始氏族社会末期开始的，由于各部落所处的自然条件不同，位于森林地区、临近河流地区以及地处草原地区不同部落间的产品在出现剩余之后开始交换，从而为三次社会大分工提供了基础和条件。

在奴隶社会时期，已经出现了农业、畜牧业和手工业三大部门和早期的城市。这一时期地域分工的特点主要体现在农业地区、牧业地区和手工业所在的城市三者之间的分工与地区交换方面，也反映在各地方（行省）向中央纳贡的地域分工关系上，这些贡品主要是手工业品。

封建社会是典型的农业社会，是一个以自然经济为主的自给自足的封闭的社会经济。由于技术创新有限，生产力变革缓慢，其部门分工与地域分工进展也较缓慢。畜牧业和手工业对农业的依附还很大。由于封建社会维持着自给自足的自然经济，商品交换不发达，只有铁制农具和食盐等生产生活必需品才是广泛交换的商品。

封建社会的地域分工不发达，各个地域几乎都是由经济内容相同、封闭的经济单元所组成。各个单元主要是由城镇或乡镇、手工业作坊及其周围的广大农村所组成，各个单元之间很少有分工与联系。

2. 三次科技革命时期的地域分工

第一次科技革命时期，近代纺织工业、煤炭工业、钢铁工业、机器制造业等部门出现，近代工业城市发展，从而把地域分工推向一个新阶段。

在此期间，工业主要向煤炭产地集中，具有工业专门化的城市大量涌现，地域分工的范围不断扩展，分工的程度不断深化，资本主义工业区、农业区和综合性的经济区不断地形成和发展起来。

第二次科技革命，电力和内燃机广泛应用，电力工业、电机工业和有色金属工业部门、电力机车和电力船舶制造等部门形成。汽车、拖拉机、飞机、内燃机车与内燃船舶等制造部门，基本化学和煤化学等新兴工业部门得到发展。拖拉机等现代农机工业、化肥工业和石油动力燃料则使农业实现了革命。

在上述部门分工的基础上，这一阶段地域分工的主要特点是：工业进一步向电力中心、资源产地和交通条件优越的地区集中，工业集聚是主要趋势，商品性农业发展很快，农业地域专门化迅速推进；综合性经济区发展很快，经济区系统在一些国家开始形成，由于地域分工的深入发展，在一些特大城市及其周围地域开始出现城市群，特大城市与周围地域之间已经形成经济有机体。

第三次科技革命的特点是原子能和电子计算机的发明和广泛应用，如原子能工业、宇航工业、计算机、生产自动线、电子工业以及合成化学工业等新兴工业部门的形成与发展。以信息产业为代表的，具有高技术含量的第三产业发展方兴未艾，从而把地域分工又推向一个新的阶段。

第二节 经济地域运动理论

一、经济地域运动的内涵

经济地域运动是指经济地域系统的成分、结构、功能规模、等级、性质等在不可逆时间序列中有机的空间演变过程。

劳动地域分工理论从分工的视角对经济地域系统形成发展的客观规律进行了阐释；经济地域运动则从经济地域要素流动的视角，着重说明了经济地域系统形成发展的客观规律性。前者从纵向上，后者从横向上揭示了经济地域及其系统的时空变化的内在规律性。

二、经济地域运动的基本要素

经济地域运动的基本要素是指人类社会经济活动所必需的物质要素，直接参与经济运行，促进社会经济发展。

土地与建筑物、人口与劳动力、生产资料与生活资料、资金、科技、信息与管理和文化观念等因素都属于经济地域运动的基本要素。

（一）土地与建筑物要素

土地包括农业用地、森林与林业用地、牧业用地、养殖水面、城市用地、矿业用地、工业用地和交通用地等。土地是经济地域运动的基础，人类的产业活动都须在土地上（包括一些水面）进行，通过诸要素的地域流动组合，有的土地上产业密集，有的则产业稀疏，形成不同价值和级差地租的局面。

土地虽然不能移动，但通过物质要素地域流动所形成的各种经济（产业）形式，随着其产业的不断密集，其所承载的土地价值也不断增值。

建筑物是不动产，其使用价值受可流动要素的组合状况所制约，房地产开发与价值的不断攀升则是强有力的说明。

（二）人口与劳动力要素

人口是人类经济活动的主体，是生产力最活跃的因素，人口既体现经济活动的源头（生产），又体现其活动的结束（消费）。即经济活动由人进行，其最终目的还是为了人自身的消费。

在经济地域运动过程中，人口与劳动力也是最活跃的主导因素。人的流动，带动区域开发、区域成长与区域消费。人口劳动力集科技、观念、素质于一身，其流动不只体现在一般人口与劳动力的流动上，也体现在科学技术、文化、观念和人口素质与管理经验的流动上。

体现不同职业和水平的劳动力，在流动组合形成企业、部门或城市等过程中，起到劳动力、科技人才和管理人才的作用。随着科技要素在区域发展中作用的日益突出，人才的流入与流出对区域经济的影响日益加大。

（三）生产资料与生活资料要素

生产资料要素与生活资料要素是经济地域运动中物质流动量最大的两个要素。生产资料体现在生产这一侧面，包括生产工具、设备、能源、原材料、生产资料产品以及农业中的种子、农机具、肥料和种畜等。生产资料的地域流动与组合是社会生产力发展的基本要素。工业企业只有靠设备、能源和原料才能维持正常的生产活动，农业需要依靠农机具、肥料等从事农业活动。

生活资料也是大宗物流，主要是为满足人类多方面的需要与消费。生活资料主要包括粮食、肉蛋奶、蔬菜与水果、衣物与鞋类、其他轻工电子产品、燃料、电力，以及文化娱乐产品等，总之，是为满足人类衣、食、住、行、娱等各方面需要的产品。生活资料在经济地域运动中，尤其为了达到人类的消费目的，而发挥着重要作用。

总之，生产资料与生活资料是经济地域运动中流动量最大的要素，也是构成人类经济生活的物质基础。

（四）资金要素

人类的经济活动离不开资金，它是人类经济活动的保证条件。资金要素在人类社会经济生活中的作用与日俱增。农业社会土地与劳动力条件作用突出，资金要素数量有限，作用不大。到了工业社会，资金需求量迅速增加，其作用日益提到首要地位，发展高新技术产业更需要庞大的资金支撑。发达国家资金剩余，急需输出资金，使其增值，发展中国家为了进行经济建设，急需资金，需要国外投资。近些年来，资金流动速度明显加快，成为左右世界经济的重要力量。

在未来知识经济时代，资金将与科技一样，在经济地域运动中起主导作用。

（五）科技要素

科技要素的作用随时间的推移而不断增强，在目前的经济地域运动中，科技要素代表社会经济的发展方向，成为区域创新的首要力量。科技要素具有自己的特点，其作用主要体现在三个方面：首先，体现在人才方面，即与人的素质、文化水平联系在一起；其次，体现在科技含量高的设备仪器上；最后，体现在科技信息方面。上述方面的流动均体现了科技要素的流动。人才的集聚、先进的生产设备和便达的科技信息则是区域创新的首要条件。科学技术在经济地域运动中的地位，反映在区域经济的发展速度与发展水平上。

（六）信息与管理要素

信息与管理体现了新时代的特点，信息主要是通过计算机网络实现的。另外，还有许多其他通信手段。信息包括科技信息、商业信息、生产信息、流通信息、消费信息和金融信息等。这些信息都是由信息源流向信息需求地。信息流动十分快捷，它对产业、经济地域的成长起着重要的促进作用。

管理与信息和人才联系在一起，人才的流动与信息的流动反映管理经验的流动，管理水平的高低与经济活动质量的好坏呈正相关。

（七）文化观念要素

文化观念受地理环境、民族状况和人的素质的直接影响。先进的文化观念和民族文化传统对区域经济影响很大；先进文化的流出对后进地区的开发起到带动促进作用，而后进文化观念对区域开发的阻碍与滞后作用不容低估。文化观念流动主要表现在人的流动和通信信息的传播上，文化交流与旅游活动的频繁则可加速文化观念的流动与交融。文化观念的不断进步则是社会经济不断发展和经济地域系统不断高级化的重要前提。

不流动的基础要素是诸流动要素地域组合的载体，地域流动的最为主要的内容是人口与劳动力、资金和生产资料与生活资料；科技、文化、信息与管理则通过人口与劳动力而参与经济地域运动，而人口劳动力则体现了运动主体的作用。

三、经济地域要素流动

单项的、静止的要素不能构成产业，其只有经过流动并与其他要素组合才能形成产业并创造价值。

在经济地域运动中，基本要素可以概括为几个要素流，即人流、物质流、能源流、资金流、技术流、信息流和文化流。这些要素的流动呈现出一定的轨迹，受市场需求及政府宏观调控作用（体制、政策、法律）以及地理环境和运动载体的影响与制约，物质要素的流动组合均要落实在具体土地上。

（一）要素流动轨迹

1. 经济地域运动的内容日趋复杂化与多样化

首先，能源、原材料、粮食与矿产材料和木材等大宗物流，在数量上继续增加，流动更为频繁，仍不失其在物流中的基础作用。但是，技术含量高和高附加值的产品和零部件的流动更为频繁，质量不断提高，其产值增长十分迅速。

其次，金融资金的流动速度明显加快，其流动量大幅度增长，在世界经济和区域经济中发挥着主导作用。资金流动对发达国家和发展中国家都是非常需要的。

再次，科技、信息与管理经验的流动速度加快，其作用明显增强。技术更新、知识更新的速度明显加快，信息网络促进了其传播速度。它们已成为经济地域运动和区域发展的创新力量。文化观念的流动具有不可低估的作用。

最后，人口在地域流动中的作用明显增强。人口集科技、信息、管理经验和文化观念于一体。世界范围的旅游也加速了人的流动。人口的流动即生产力的流动，尤其是人才流动，对各国经济影响很大。

2. 经济地域运动的载体更加多样化

除传统的载体（各种运输工具包括管线）以外，网络传输在地域运动中的作用日益突出，主要体现在非物质要素在地域流动和经济地域系统形成发展中的作用明显增强。

人的载体作用增强了，人的流动不只是生产者和消费者的移动，更主要的则是知识的流动和信息的流动。

3. 要素流动地域组合形式的新特点

由于科技革命和社会经济的迅速发展，要素流动速度的不断加强，全世界已经形成十分复杂的经济地域巨系统。

就世界范围来看，已经形成经济地带系统、经济区系统、城市地域系统。城市地带与城市群迅速发展，产业集聚与人口集聚都在加强，与此同时，分散化也在发展。

地缘经济地域系统与网络地域系统是世界经济地域系统的新发展与新事物。以前，虽然也存在零星的跨国经贸区，但是，现在已形成一个世界地域系统，大的如欧盟与东盟，小的如两国之间的地缘经济区。网络地域系统还处在形成发展过程中，许多内容有待深入研究。

跨国公司与物流系统是经济地域运动的新形式，把物质生产领域与非物质生产领域集合于一体，进行全世界范围的资金、技术、信息、管理与设备流动，成为推动世界经济一体化的一股重要力量。

（二）要素地域组合的新形式

要素流动是一个过程，某种要素只有与其他要素结合或到达消费者手中，才能形成产业或实现产业的目的。要素地域组合的形式，随着生产力的不断发展由简单到复杂，类型多种多样。

1. 随着科技革命的不断深入和生产力的迅速发展，要素流动速度的不断加快，其流动组合反映出许多新的特点：其一，非物质要素的流动速度明显加快；其二，物质要素与非物质要素的组合出现了新形式，如高技术园区、现代物流园区、跨国公司和循环经济园区等。

2. 高技术园区代表世界各国各地区科学技术新的发展方向，如美国的硅谷、我国的中关村。都将高新技术研发、科研机构与高等院校集聚于一体，相互密切联系，互为促进，推动生产力迅速向前发展。

3. 现代物流园区以通信信息产业为龙头，集交通运输、电子商务、中介、仓储、销售和加工包装等于一体，对区域经济的发展将起到越来越大的作用。

4. 跨国公司形成时间较早，还在不断地向前发展，既包括生产型，也包括非物质生产型，如商贸、科技等。其地域组织形式如总部、研发、生产、组装等，均随着经济、社会利益的变化而变化。

5. 产业集群一词应用广泛，而循环经济园区则是新形势下的新的产业集聚，其核心是在一定地域范围内不断延伸产业链，实现对资源产品的加工与深加工，最终做到零排放、零污染，实现循环经济。

四、经济地域运动的影响与制约因素

（一）影响因素

生产力是经济地域运动的总动力。生产力的发展与经济地域运动密切相联。有了早期生产力的初步发展，才出现早期的分工与经济地域运动。随着生产力的发展，分工与地域运动的水平不断提高且日益复杂化，而分工与地域运动的发展反过来又促进生产力水平的不断提高。

地域间的自然、社会、经济条件的差异以及由此而导致的地域分工，是产生经济地域运动的直接原因。没有地区差异以及由此而导致的以产品和商品交换为前提的地域分工，就不可能产生生产力诸要素的地域流动，即经济地域运动。分工越深入，地域间的流动越频繁，流动的力度也就越大。

区域引力与排斥力（即极化与扩散）是产生经济地域运动的具体原因。经济地域运动就是在两种力量的作用下产生的，并不断地向前发展。

经济利益是经济地域运动的驱动力，如生产成本、运费和利润等，但是，随着社会经济的进一步发展，社会效益和生态效益将成为经济地域运动追求的重要目标。

（二）制约与障碍因素

经济地域运动是应按一定规律向前发展的，但在运行过程中要受许多因素的制约与阻碍。

1. 自然条件的阻碍

人类的社会经济活动一开始就受到自然条件的阻碍，这种阻碍随着能源动力、生产工具和交通工具的不断变革而不断被征服。但是，到目前为止，在经济地域运动中，自然条件的障碍仍然明显地存在着，主要表现在：

（1）影响地域运动的内容

原材料基地、能源基地、粮食基地和林业基地等，影响世界大宗物流的流量、流向等；自然资源的地域组合状况直接影响要素流动组合形式，如资源型地域物流的状况与加工型地域的物流状况是迥然不同的。

（2）自然条件影响运动载体的种类和力度

例如，陆地和水域其交通运输工具的种类不同，平原与山区载体的运动速度与力度均不同，山地或沙漠地区流动的阻力是很大的。

2. 生产力发展水平的影响与阻碍

生产力发展水平低的地域，其物质流动的内容多为初级产品和劳动力等低层次的内容；发达地区地域运动的主要物质内容则多是高附加值的机械与零部件、高频率科技信息流动等。由于生产力发展水平的限制，高水平的物质流流向后进地区往往受到阻碍，主要是由于后进地区还不具备接受高科技设备、先进管理人才和先进科技信息的经济基础和条件。因此，在不同的生产力发展水平的地域之间的物质流动将是一个渐进的过程，除个别有条件的地区有可能跳跃式的流动外，一般的将受到生产力发展水平的限制。

3. 流动载体的阻碍

载体是地域运动的保证，载体的状况与地域物质流状况呈正相关。有些地域资源十分丰富，但由于交通条件落后而得不到开发；有的是产品很丰富，但运不出去。由于交通、通信、信息条件落后，直接阻碍物质流动，严重影响区域开发。载体条件落后直接增加运输成本，使产品缺乏竞争力。

第三节　区域经济地理的空间组织决策

一、区域经济地理空间组织决策的内容

（一）区域发展战略

区域发展战略是基于对区域经济发展全局的分析、判断而做出的重大的、具有全局意义的决策与谋划。它着重分析构成经济发展全局的各个局部及因素之间的关系，通过发现区域优势及其地位、社会需求和区域发展的潜力从而做出相应的决策。其核心是确立区域在一定时期的基本发展目标和实现这一目标的途径。区域发展战略对推动区域乃至整个国家的发展具有重大意义，属高层次宏观决策。

1. 区域发展战略的基本内容

区域发展战略主要涵盖区域发展战略依据、战略方向与目标、战略重点和战略措施等内容。区域发展战略包括经济发展战略和空间开发战略两大部分，其中，经济发展战略包括经济总体发展战略和部门、行业发展战略等内容；空间开发战略是对区域发展经济战略目标和重点在具体区域的空间安排，以构建合理的区域经济空间结构。

（1）区域发展战略方向与战略目标的确定

区域发展战略方向包括两方面的内容：一是明确整个区域的整体发展方向，一般体现为确定一个或一组迅速发展的主导产业部门或主导产业群，即确定合理的区域经济结构；二是确定区域开发的优势区位。

发展战略的核心是战略目标，是战略期限内区域发展的方向和预达到的最佳程度。区域发展战略目标指示总的方向，因此应保持相对稳定性。战略目标按时限可以分为短期、中期和长期目标。短期目标一般在 5 年左右，中期目标一般在 10 年左右，长期目标通常在 20 年或以上。战略目标的制定要把握适度的原则，既要有一定的高度，即目标的实现必须是经过努力、付出一定的代价才能达到，又要具有现实性，即不能脱离实际，否则就没有指导意义。

（2）战略重点的选择

战略重点作为各个战略发展阶段的主攻方向，一般是发展中的先行部门或应突出解决的矛盾，或是发展中的关键部门或薄弱环节，如优势资源开发、优势产业开发、新技术的应用等。

各个发展阶段的战略重点往往有多个。依据不平衡发展规律，确定一定时期内着重建设的产业部门或地域是非常必要的。在一个发展阶段内，重点是长期存在的，而解决问题必须具备一定的人力、财力、物力条件，一个地区的发展水平再高，在特定时期内的条件毕竟有限，所以应重点选择一个突破口，作为区域经济发展的极核，集中区域的人力、物力和财力进行重点建设，以带动区域的全面发展。

区域战略重点通常表现为竞争中的优势领域、经济发展中的基础性建设、发展中的薄弱环节、经济转折时期的关键问题或扭转区域局势的关键因素等。

（3）区域开发战略措施的确定

区域发展战略措施是指为保证战略目标而采取的一系列主要途径、基本手段和方式，以及相应的政策体系。区域发展战略措施通常包括实施战略的相应组织机构、资源分配、资金政策、劳动政策、产业政策及经济发展的控制、激励、协调等手段。

2. 区域发展战略模式

区域战略发展模式是区域发展及产业布局的直接指导依据。区域发展的理论模式，大体上可分为经济发展战略模式和空间发展战略模式。

空间发展战略模式是在分析区域资源、环境、区位条件等的基础上所确定的区域经济在地理空间的分布格局。一般有极核、点轴、梯度推进和网络等不同发展阶段的空间发展战略模式。经济发展战略模式从不同的角度则可划分为不同的类型，如从战略目标的选择角度可分为经济高速增长战略、变通经济发展战略；从实现战略的途径方面可分为初级产品出口战略、进口替代发展战略、出口替代发展战略、信息化发展战略。

（二）区域总体规划

区域总体规划是以整个区域综合发展规划为基础，欲解决整个地区生产力综合配置问题，以协调区域经济、社会、人口、资源和环境等诸方面的关系，促进区域社会经济协调可持续发展。

区域总体规划主要内容包括区域资源开发利用、环境治理、产业结构调整与布局、居民点体系和基础设置等国民经济建设的总体部署和安排。它是在区域资源环境条件全面综合分析的基础上，结合区域经济发展的现状、问题及未来区域发展的需求，对区域如何发展给出一个全面、综合和系统性的回答，从而为区域发展的战略决策提供具体支撑，并作为区域发展的综合行动纲领。

可将以区域整体空间作为研究范围、以区域系统所有要素为研究对象的相关战略和规划都归为区域发展总体规划范畴。据此可知，由不同部门主持的、各有侧重的区域发展战略、区域规划、区域国土规划、区域土地利用总体规划等都属于区域总体规划的范畴，它们是一个统筹协调、各有侧重的规划决策整体。在此，以区域土地利用总体规划为例，具体说明区域总体规划的目标、任务与内容体系。

区域土地利用总体规划的任务是确定或调整土地利用结构和用地布局的宏观战略措施。其核心是确定或调整土地利用结构和用地布局，其作用是宏观调控和均衡各业（活动）用地，总体包括农用地、非农建设用地和未利用地，农用地又可进一步划分为耕地、林地、园地、牧草地等，非农建设用地包括商服用地、工矿仓储用地、公共设施用地、公共建筑用地、住宅用地、交通运输用地、水利设施用地和特殊用地等。根据不同的区域尺度范围和土地利用总体规划的总体要求，可选用不同层次的分类系统。

1. 目标与任务

土地利用总体规划的目标是在土地利用结构研究的基础上，根据区域发展战略目标对区域土地资源的需求、土地资源的供给状况、土地的人口承载能力和土地利用战略研究的成果，提出规划年所应实现的土地利用目标。

（1）土地利用的宏观调控

土地利用总体规划通过协调国民经济各部门的土地利用活动，从而建立适合经济、社会和市场发展需要的合理的土地利用结构，合理配置土地资源，有效利用土地资源和杜绝土地资源浪费，促进节约、集约利用土地。

（2）土地利用合理组织

土地利用总体规划主要是对区域各类用地进行合理布局，以保障科学、合理、有效地利用各类土地资源，防止对土地资源的盲目开发。

（3）土地利用的规范监督

土地利用总体规划是监督各部门土地利用的重要依据，其具有一定的法律效力，任何机构和个人不得随意变更，规划方案的修改与更新必须按法定的程序进行。

2. 内容

（1）土地利用现状分析

分析区域土地利用的特点及存在的问题分析规划期间可能出现的各种影响因素，提出规划应重点解决的问题。

（2）土地供给分析

通过对现状用地潜力及未利用地未来开发利用潜力的分析，分析区域外来土地供给的数量和空间分布状况。

（3）土地需求预测

依据区域发展战略目标，基于区域土地资源数量、质量、空间分布特点及土地利用效率，分析预测区域内各业各部门用地的需求数量和空间布局要求。

（4）确定规划目标和任务

在区域土地供给分析和需求预测的基础上，通过综合协调，拟定区域土地利用总体规划的主要任务、目标和基本方针。

（5）土地利用结构和布局调整

依据规划目标和用地方针，对各类用地进行科学合理的规划，确定土地利用结构和布局调整的方法、步骤。

（6）土地利用分区

采用土地利用分区与土地利用控制指标相结合的方法，把规划目标、内容、土地利用结构和布局调整及实施的各项措施落实到土地利用分区上，有利于规划的实施。

（7）制定实施规划的措施

区域土地利用总体规划要根据实现土地利用目标和优化土地利用结构的要求，提出相应的实施政策和措施，包括行政、经济、法律技术的措施。

（三）区域专项规划

区域专项规划既是区域规划编制体系的重要组成部分，也是区域发展建设的主要依据。概括地讲，区域专项规划是依据区域战略规划和总体规划或分区规划，对区域整体、长期发展影响巨大的建设项目或对区域要素中系统性强、关联度大的内容进行决策。

不同区域根据不同的自然资源和环境条件，以及社会经济发展的方向和重点，在区域总体规划的基础上，设立专项规划的内容和数目不完全相同，但基本上应包括五个方面的专项规划内容：区域人口规划、区域产业布局规划、区域基础设施规划、区域城镇体系规划、区域生态环境规划。

（四）分区规划

区域系统是一个综合复杂的大系统，不仅不同区域间具有明显的地域差异，区域内部也因为自然条件的不同、社会经济发展的历史有别，导致区域系统内部不同子区域系统呈现出不同的特性和发展要求。因此，为满足区域系统各子区域系统的不同要求，在进行区域总体规划的基础上，也可在区域系统内分不同子区域（功能子区或行政子区）进行分区规划。根据区域的实际情况不同，各区域在设计分区规划的数目和类型时各不一样，但一般包括四种基本的分区规划：城区规划、开发区规划、旅游区规划、自然资源保护区规划。

二、区域经济地理空间组织决策方法

（一）综合平衡法

综合平衡法是区域经济地理空间组织的常用方法，是在系统分析的基础上，不断将系统分析结果加以综合形成整体认识的一种科学方法。

1. 综合平衡的基本含义

综合平衡的基本内涵包括：①要求生产与需求之间的相互适应（在数量和质量上），它反映了国民经济各部门之间的合理比例关系，要求相互协调平衡。这种关系通过国民经济的计划平衡表而确定。②要求国民经济各部门、各企业及每一个具体的建设项目，在地域的分布和具体地段的选择上，加强相互间的联系和密切配合。它反映了配置各物质要素的自然条件和工程技术措施的要求，意味着空间上的协调平衡，使各物质要素各得其所，并有机联系。③建设梯度和程序上的合理安排与密切配合。它不致使生产脱节、建设中断，而能尽快发挥投资效果，节约劳力、物力以加速资金的周转。

2. 综合平衡的具体内容

区域经济地理空间组织决策的综合平衡具体内容包括：①原材料的平衡，指来自工业的产品、矿产资源和农副产品等资源的分配要平衡，平衡的目的是为了研究各工业部门在本地区内最适宜的发展规模。②燃料平衡，根据充分利用本地区资源的原则，以本地区燃料构成需要量为依据，研究本地区燃料资源的余缺，各地提供的可能性和运输方式，拟定本地区能源工业发展的规模和措施。③电力平衡，首先分析负荷情况，计算电力需求总量，然后根据电力资源分布特点选择电源，研究供电方式，确定拟修建的电力系统工程。在水力资源丰富的地区，要优先开发水电，并研究水电与火电的配合比例、水电站规模、建设进度和工业发展的结合情况等问题。④运输平衡，根据工农业分布现状和未来发展趋势，研究货运量增长和货流方向，配置运输方式，规划交通运输工程，确定各运输枢纽的通过能力，合理组织运输能力，避免造成不合理运输。⑤建筑材料平衡，在重点建设地区，建筑材料的供需状况直接影响基本建设的发展规模和速度。需要统一考虑建筑基地规划，进行建筑材料的平衡。⑥土地资源利用平衡，从综合效益最高、协调和保证各业各类用地需求的角度，综合考虑区域用地在各业各部门用地的数量规模、质量和空间布局的平衡发展。⑦劳动力平衡，概略计算工业生产、基本建设和服务业所需劳动力的数量，研究可能由本区招收和由内外调剂的数量，计算全区人口发展的规模、城乡人口的大致比例，并以此分析本区各项建设事业发展的可能性。⑧食物的平衡，根据区域人口发展规模和速度，估算人口食物需求，研究本地区可能提供的食物总量及其调入、调出量，并进行供需平衡分析。

（二）技术经济论证与多方案比较法

1. 产业布局不同方案的比较

根据发展产业的类型、数量、比例关系、空间分布及相关重大开发建设项目的规模、区位选择、关联产业的配套，以及与周围产业之间的关系等方面形成不同方案，并运用技术经济论证方法进行比较分析。

2. 资源综合利用的经济评价

评价时应把握如何充分合理地利用资源，区内主要企业所需的大宗的原料、燃料是否得以综合利用，是否对工业副产品进行利用并对下脚废料进行了回收，如何经济合理地利用资源，重要资源是否用于国民经济最急需的部门，如何在资源较缺乏的地区寻找新的资源、组织新的资源来源等一系列问题。

3. 有关专业部门规划方面的技术经济分析

包括对不同专业部门规划综合性矛盾的分析，如主要水利工程的综合经济效益分析、新建铁路线规划的技术经济分析等。

4. 土地合理利用及其经济评价

包括土地的自然条件评价及其原有利用情况的合理性分析，国民经济各部门对用地要求及其初步分配利用方案的比较，节约工业和城镇居民点用地、扩大农业用地的措施及其效果的分析。

5. 区域环境质量分析评估

包括区域环境质量的现状情况，引起环境污染的原因、污染源分布、危害程度等，区域环境质量发展变化的趋势，特别是区域经济开发后对区域环境产生的新影响，以及改善区域环境质量的方案和主要措施等。

技术经济论证要求从国民经济综合效益出发，不能单纯考虑技术经济条件，还要考虑政治因素，即应从政治上的需要，经济、生态上的合理性，技术上的先进适用性，建设上的可行性和国防上的安全性等几个方面全面综合地考虑。

（三）公众参与决策方法

公众参与决策是指决策者聘请将来要执行决策方案或受决策影响的部门或公众的代表

广泛交换意见，共同参与规划决策的过程。它不仅贯穿于问题的界定、目标选择、决策方案审定、方案审批等决策规划编制过程中，也贯穿于决策规划实施后所进行的决策规划方案的调整以及修编方案的决定等决策方案实施与管理过程中。

解决公众参与区域经济地理空间组织最根本的问题在于从"象征性"参与转变为全过程参与，也就是决策必须从调查形成初步设计方案开始，到决策方案确立的每一个环节都应该有公众参与的成分，只有这样才能实现决策过程的公开化、程序化、民主化和科学化四大目标。

公众参与是为了保证决策能更加充分地反映公众意志，维护公众利益，促进社会发展，根治寻租现象，实现民主决策的一项根本性措施。寻租活动就是非生产性追求利益的行为，是利用行政和法律手段阻碍生产要素在不同产业之间自由流动和自由竞争的办法，维护或攫取既得利益的行为。

1. 公众参与的内容

利用公众参与的方法进行区域经济地理空间组织决策：第一，要建立公众参与制度，培养社会大众的公众参与意识，并通过书本、讲座、专家咨询、媒体访问等多种形式，使公众真正了解区域经济地理空间组织决策的实质，形成公众参与的知识基础和氛围，增强公众参与规划的积极性。第二，要提供公众参与的机会，利用各种机会将决策的全过程向公众公开。第三，要对公众参与的结果进行反馈。如在决策方案形成时，对于公众参与情况要进行汇报与说明，要明确地告诉公众，他们提出的规划建议和意见哪些已被采用，哪些未被采纳，以及未被采纳的原因。第四，决策方案的确定不是单纯由政府或者规划专家确定，应当规定规划方案在广泛征询社会公众意见中获取一定的支持率时才能选定方案。第五，提供公众投诉的机会，尤其在方案执行阶段，公众可对不符合规划要求的行为进行投诉。

2. 公众参与的形式

公众参与决策的范围和深度受社会基础的影响，包括区域的民主化进程、公民素质及其民主意识。公众参与决策须经历一个从无到有、从不成熟到成熟的发展进程，在不同的阶段则需要不同的公众参与形式与之相适应。

在公众参与的初期阶段，应做好规划知识的普及和传播，培养公众的参与基础。公众参与的主体应以专业人士为主，尤其是高校和研究机构的相关专业教师、研究人员等。公众参与的发展阶段，可适当扩大公众参与的范围，由各阶层公众选出代表，参与决策过程。在公众参与的成熟阶段，公众参与规划立法，要求规划的审批应有对公共意见的处理目录。参与方式多种多样，可以有讨论会议、图形模拟展览会等，参与深度也从决策方案的编制阶段过渡到决策及决策方案的实施。

三、区域经济地理空间组织与决策优化

决策优化要针对整个决策过程，应重点抓住三个主要的决策环节（决策三部曲），即决策背景分析、决策方案的排列组合（做法）和决策方案的分析评价（标准），切实、综合、全面地把握好、客观正确地落实好这些环节，使决策最优。

区域经济地理空间组织决策背景分析主要是针对区域系统，抓住区域系统（包括区域经济系统、区域环境系统）的结构性特征、开放性特征和动态性特征，综合全面地分析区域经济发展的条件、状态和水平，把握区域经济发展的优势和劣势、容量和潜力；分析区际间的分工与协作；把握区域系统的发展阶段及区域经济的发展趋势，为区域经济地理空间组织因地制宜、因时制宜的决策提供科学依据。

区域经济地理空间组织的决策排列组合环节是为了找出所有可能的决策方案，尽可能综合全面地思考，使对系统未来状态的设计，既要有利于区域发展的优势发挥，又要针对系统薄弱环节解决系统现状存在的不合理问题，还要符合系统发展规律，考虑区域发展条件的动态变化，顺应区域发展的趋势，具有前瞻性。区域经济地理空间的决策方案是针对区域系统及其组成的定性、定量、定位、定时系列决策的集成，包括区域整体层次的决策，有全局性和长远性的重大谋划（区域发展战略决策）和区域经济系统地理空间组织的总体部署（区域国民经济建设的总体部署——区域规划）、区域经济要素子系统地理空间组织的专项规划（工业规划、农业规划、交通运输规划、城镇规划、旅游规划等）和区域经济空间子系统地理空间组织的分区规划（开发区规划、旅游区规划、工业区规划、主城区规划等）。无论是全局性的整体部署，还是针对子系统的规划以至项目（活动）建设的决策，都应讨论不同的目标设计、不同的经济要素组成（经济结构）、不同的用地选择、不同的集聚分区、不同的空间结构，以至每个活动要素（包括新增、改造、消除等方面）不同的位置、强度与关系（排列组合）的可能性。这个环节应把握在排列组合尽可能全面的基础上，突出反映优势和特色的主要排列组合方案，为下一步决策方案的比较分析和综合评价奠定基础。实际上，在这个环节中已交织着分析评价选择的过程，经过这个过程，筛选出若干主要的待选决策方案。

区域经济地理空间组织决策方案的分析评价环节，目的是通过比较分析、综合评价方案，从中优先抉择出合理可行的优秀方案。用什么标准来衡量和优选出决策方案，是这个环节的核心问题。一般来说，综合效益、特色及对环境的影响是衡量决策方案优化与否的标准的主要方面。综合效益是指所设计的方案能使区域系统在协调发展、可持续发展、平衡发展的基础上所产生的社会效益、经济效益和生态效益的集成。特色是指所设计的方案能使区域系统具有区际特色，使区域系统在充分发挥优势的基础上形成特色。近年来，区

域经济地理空间组织决策中越来越重视从资源环境可持续发展的角度对各级各类规划决策进行环境影响评价，主要包括规划（战略）环境影响评价和项目环境影响评价。因此，这个环节应把握在综合效益、特色评价和环境影响评价的基础上，比较各待选决策方案，从中优选出合理可行的决策方案。规划决策方案批准确定之后，区域经济发展进入规划决策实施阶段，即在区域经济地理空间组织决策规划的指导下，各地区实施各项经济建设。尽管在一定时期内，规划决策方案具有一定的前瞻性和稳定性，但社会经济的发展是不完全以人的意志为转移的，规划决策工作应是在规划决策实施的监测与评估基础上不断研究、不断修编、不断完善的动态过程。

第四节　区域经济协调发展的机制

一、建设协调发展机制的必要性

（一）区域协调发展战略的提出及依据

区域经济协调发展战略的形成并不是偶然的，有其坚实的理论与现实依据。

从理论的角度来看，区域经济协调发展战略是区域经济规律的必然要求。区域经济发展生命周期规律、区域经济空间格局演变规律与区域经济合作规律都能够解释为什么要协调区域发展。

从区域经济发展生命周期规律来看，区域也像生命有机体一样，会经历一个由年轻到成熟再到老年这样一个生命周期阶段；当一个国家的发达区域开始接近中等发达水平时，发达区域会开始由成熟期进入老年期，此时全国可能会出现多种区域病并发的局面。区域病是区域问题的通俗说法，一般包括落后病（即社会经济发展水平长期落后于其他区域）、萧条病（即经济曾经达到相当高的水平但由于结构调整不及时而导致主要产业衰退、失业率居高不下、经济增长速度低下）、膨胀病（即人口与经济活动高度密集以至于出现了严重的拥挤）以及地区矛盾与冲突加剧。在这些区域病有可能并发时，中央与地方政府为了保持一个国家或地区的竞争力，必须运用合理的区域规划与区域政策来治疗区域病，并协调不同区域间的关系。

从现实的角度来看，区域经济协调发展战略是中国国民经济与区域经济发展到一定阶段的必然要求。中国经济社会发展进入新发展阶段后，各种区域问题的出现有一定的必然性，重视区域经济协调发展，不仅是解决各种区域问题的需要，而且也是增强整个中国竞争力的需要。

（二）区域协调发展的科学内涵

将区域协调发展作为国民经济和社会发展的一条指导方针，得到了人们的普遍认同，然而对"协调发展"的科学内涵，不同的学者、政策制定者和执行者在理解上并不一致。如有人认为协调发展的核心内容是协调地区间的产业分工关系和利益关系，建立和发展地区间经济的合理分工体系。还有人认为协调发展包括两方面含义：①发挥各地区优势，形成合理的地域分工，促进经济整体效益提高；②将地区经济发展差距控制在适度的范围内，以促进经济整体协调。

（三）区域经济协调发展的必要性

1. 区域经济协调发展可有效利用和配置有限社会资源

从实践和我国多数地区的情况看，往往在资源丰富的地区，经济却相对比较落后，生产和加工能力较弱，大量资源有待开发。而经济比较发达的地区，多数资源比较贫乏，需要资源产地提供资源。但是现实情况是，在资源开发和利用的整个产业链中，主要从事深加工的发达区域用较少的成本能够获得较多的利益，而资源产地获得的利益则较少。当发达地区和相对欠发达地区缺乏协调而形成较大的矛盾时，欠发达地区会通过封锁资源来保护自己的利益，或力图依靠自己较薄弱的加工能力来利用资源，但生产出来的产品往往品质较低，成本居高不下，不能取得良好的经济效益；发达地区由于欠发达地区的资源封锁而得不到充分的资源供应，生产难以为继，同样不能取得良好的经济效益。以上两种情况都将造成社会总收益的损失，不利于国民经济的整体发展。因此，只有在区域经济协调发展从而利益的分配格局也较为合理的前提下，在资源利用上才能够形成合理的分工。欠发达地区努力开发资源，发达地区更有效地加工利用资源，各方都能够得到合理的利益回报，从而调动各方的积极性，使资源得到最有效的开发利用，企业获得最好的经济效益，社会总收益达到最大化。

2. 区域经济协调发展是我国经济发展的必然要求

从发展经济学的观点看，协调区域间的关系，促进各区域共同发展，是关系到整个国民经济能否实现持续、稳定、健康发展的根本性问题。只有保持各区域发展的差距相对较小、区域关系和谐的局面，才是一个国家或区域国民经济健康发展的表现。就中国而言，专家认为："中国中西部地区发达之日，就是中国现代化实现之时"是十分有道理的。具体来看，区域经济协调发展对我国经济发展的必要性表现在以下几个方面：

（1）区域经济协调发展是要破解地区差距扩大的难题

地区之间的发展差距主要是指不同发展区域之间经济发展水平、居民收入水平以及社会发展水平等要素之间的差距，是一个复杂的综合性概念。就我国目前的社会状况来说，区域经济之间经济发展不平衡，已经成为我国经济发展的重要阻碍因素。根据比较对象的不同，我们可以将地区差距划分为不同的层次，这里主要以经济指标为主。

（2）区域协调发展是解决中国经济发展过程中现实矛盾的有效方法

随着我国企业发展意识的转变，一些成熟的企业开始尝试通过政府的组织与协调在不同区域展开生产活动，而不同地区由于先天和后天条件的不同，对投资的吸引力有较大的差异，区域经济发展的差距不断扩大。促进区域协调发展是解决我国经济发展过程中各种问题和矛盾的重要手段。

（3）区域经济协调发展是宏观经济持续健康发展的要求

①进一步开拓市场的要求

发达地区经济高速发展，供给大幅度增加后，必须有需求的增加相互配合，即必须通过开拓市场、扩大销售量才不至于造成产品积压，从而保障正常的生产循环。

②转移产业的要求

由于本地要素（劳动力、原材料、能源、土地等）的成本上升，导致企业经济效益下降，并出现生产和生活拥挤、环境质量下降、交通紧张等问题，不仅影响正常生产，而且对本地人口的正常生活造成不利影响。

解决这两个需求的有效方式是将一部分产业转移出去。否则，经济就没有持续增长的后劲，势必出现衰退的局面，这也为我国政府协调区域经济发展提供了一个有效的契机。

3. 区域经济协调发展是维护我国社会稳定，促进社会发展的必然要求

区域经济发展不平衡，必然导致各地区居民收入的不平衡，贫富差距拉大。这种收入的差距并不是由于人们的能力及劳动付出的不同所造成的，而是由经济外部环境造成的，尤其容易引起群众的心理不平衡。在经济发展的过程中，应该通过合理的调节保持区域经济协调发展，尽可能地促进各地区人民群众共同富裕，才能保持团结一致、共同奋斗的良好政治局面和分工协作、区域互补的经济格局，保证国民经济持续快速健康发展。

从我国的社会主义制度来看，消灭贫困、实现共同富裕是社会主义制度的本质要求。共同富裕的制度规定既确定了我国实施区域协调发展的目标，也确定了实施区域协调发展的目的。

在市场经济的持续发展中，贫富的对立会进一步引起收入分配更严重的不平衡，很容易造成各种社会矛盾，如民族矛盾、各阶层矛盾和利益集团矛盾的激化乃至政治动荡。这将导致国民经济运行的外部条件严重恶化。尽管在区域经济发展过程中，不可能使所有区域同时富裕起来，总要有一个先富与后富的时间序列问题，但是，也不能因此就认为在一些区域先富的同时，而把另一些区域置于贫困、落后状态而不顾，或让其"自生自灭"式地长期缓慢发展。若区域经济发展严重失衡，势必减弱这些区域对我国社会主义制度的向心力，引发社会动荡，这对我国社会主义建设的发展和国家政权的巩固是极为有害的。

二、创新思路以促进新机制的形成

（一）区域经济发展机制创新的内容

1. 市场机制

区域的不均衡发展是由于历史、政治等一系列的因素造成的，要想协调区域经济的发展，必须在尊重事实的基础上，科学认识与理解造成区域发展失衡的原因。我国市场经济发展时间短，社会市场经济体制还不成熟，市场并没有完全支配资源的配置，东部地区利用自己经济和技术上的优势，可以轻松获取更多的市场份额，在市场竞争中呈现出很大的优势，这也阻碍了我国区域经济的协调发展。经济学理论证明，充满活力的市场经济需要资本要素与生产要素在市场中不断的流通，需要不同区域之间的市场主体的交流与互动，需要区域间的均衡配置机制。

市场经济崇尚自由，因此在市场经济发达的欧美国家，轻易不会制定区域经济援助政策，而是将区域经济发展对政策的依赖降低，以压力激发其活力；促进落后地区发展的政策，以鼓励人口和资本流动，促进区域经济合作为主体。在社会主义市场经济条件下，我们不可能完全像其他国家一样制定各项政策，但对其先进的思想和措施我们要抱着吸收和学习的态度，比如，在促进我国区域经济发展的过程中，国家要将主要精力放在建立全国统一市场，消除区域经济壁垒等纯市场因素的调节上，尽量减少直接的经济支援。

2. 合作机制

合作机制是不同的区域之间，通过政府的牵线搭台，进行双赢合作的一种机制。我国中西部地区具有独特的资源优势，而东部地区资金实力雄厚、生产技术先进，通过政府的牵线搭台，东部企业与西部企业之间可以建立互利共赢的联合机制，东部企业利用自己的资金优势和技术优势为西部企业的发展提供支持，西部企业则可以向东部企业提供高质量、低成本的生产资源，双方互利共赢。

促进东西部企业的联合，促进区域协调发展，应该鼓励东部企业积极向西部转移，西部地区则要在政府的帮助下搞好基础设施建设，增强西部地区招商引资的吸引力。建立制度化的区域合作机制，开展多角度、多领域的区域合作发展计划，是促进我国社会区域经济和谐发展的重要手段。在区域经济发展的过程中，国家要加强管理，统一协调，充分发挥政府的服务管理职能，为东西部企业的联合发展创造条件。此外，要注重生态环境的保护，不能以牺牲西部地区的环境为代价，换取经济的发展。

3. 政府干预（宏观调控）

中央政府经济管理的重点是根据优势互补、整体协调的原则，对各个区域经济进行规划、指导和管理，根据不同区域的资源状况、发展潜力、地区优势实施有区别的区域发展政策，并保证区域发展政策的稳定性和连续性。在区域经济管理体制上，要调整中央与地方的管理职能，协调中央和地方的利益关系，逐步完善中央和地方的分级管理体系。中央政府还应通过完善促进区域经济协调发展的财税政策、金融政策、法律法规等，引导国内外投资者到中西部投资。

从市场机制和宏观调控的关系来看，双方是正向互动的关系。市场机制和宏观调控机制，从市场经济诞生的第一天起就始终是相伴相随的。割裂二者，无论哪种机制都无法单独有效地维护一种生产率最高、资源配置最优、市场主体行为约束最好的秩序。割裂二者，就相当于割断了东部发达地区资金技术的要素优势与中西部地区的资源优势的联系与互利，阻碍了区域经济发展的内生合作机制的形成和发达地区对落后地区的扩散效应或涓滴效应。

市场机制是一种"自然秩序"，宏观调控是一种"人为秩序"。无论是市场机制还是宏观调控都存在自身无法克服的缺陷，市场机制的缺陷需要宏观调控来弥补，除此之外，任何扩大宏观调控作用范围和政府权力的倾向都应该防止；宏观调控的缺陷需要市场机制来纠正，政府失灵必然要求扩大市场机制作用范围。市场机制和宏观调控功能互补使二者不可分离。

区域合作的发展程度与市场化水平和政府宏观调控方向密切相关。政府通过政策制定、完善服务体系，在市场机制的作用下，促进东部地区的资金、技术和中西部的资源开发相结合，开展互惠互利的区域合作。可见，区域合作必然伴随着劳动力、资金和技术等要素在区域间的流动，要素在区域间的流动规模和速度也决定着区域合作的广度和深度。政府的财税、金融、产业政策影响着各合作主体间的利益分配，直接关系到区域合作能否达成，而区域合作的实践又为政府宏观调控政策的出台提供了重要依据。

（二）区域经济发展机制创新的措施

1. 建立政府区域管理体制

根据国外一些国家的发展经营，统筹与协调区域经济发展，需要两个方面的制度基础作为基本的前提：第一个是，中央政府必须合理设置经济管理机构，明确不同机构的分工和具体职责；第二个是，要建立明确的经济统筹与发展标准，区分经济发展的类型，并据此确定区域经济发展的框架。从这两个方面来说，我们可以根据具体情况，合理借鉴发达国家的经验，避免我国在区域经济规划与发展上走弯路。

一般来说，建立政府区域管理制度可以从两个方面入手，首先，要整合区域经济管理机构，将西部开发办公室与振兴东北老工业基地办公室等机构的职能进行整合，由中央政府牵头成立一个统一的区域性经济管理机构，该机构负责不同区域经济发展的协调与规划，以提高区域经济政策的战略高度；其次，要组织社会各界的力量，明确经济区域特殊区域划分与经济发展的标准，促进资源的合理配置以及经济发展的合理布局。

2. 加大对中西部地区的投资力量，加强转移支付的力度

我国东、中、西部经济和社会发展水平存在很大的差距，我们不能忽视社会固定资产投资、基本设施建设投资、人才培养投资以及生产技术创新投资区域分布的不合理。我们应该充分认识到投资不均衡对区域经济协调发展的影响，在区域经济发展规划中，有重点、有步骤地对西部地区的投资环境进行改善，提高西部地区吸引投资的能力。要做到这一点，需要中央政府强有力的宏观调控，不仅要为西部地区的发展提供实实在在的经济帮助，加大在西部地区投资的力度，还要从制度、政策等方面入手，为西部地区经济和社会条件的改善提供有力的保障。

转移支付作为政府调控宏观经济的重要手段，可以通过灵活的运作，平衡地区间的财政，为减小区域差距提供一定的支持。财政支付之所以具有显著的效果是因为它可以通过调整相应的经济和税收政策，合理调节不同地区的分配制度，显著提高西部地区的人均收入，改善人们的生活水平。

3. 建立全国统一的市场体系

统一市场是市场经济发展的基础，更是建立社会主义市场经济制度的前提。只有对市场上的资源进行统一调配，才能最大限度地减少市场调节的盲目性，充分发挥市场经济的积极作用，促进市场资源的合理流动，为我国区域经济的协调发展提供保障。

统一市场对于区域分工的形成具有重要的推动作用，促进区域经济的协调发展，这一点我们可以从以下两个方面来理解：①随着劳动分工原则在不同市场和不同地区的推行，每一个区域都有明确的经济地位，这样可以逐步形成产业聚集优势，并通过集群效应逐步提高其市场地位；②随着劳动分工种类的细化和分工范围的扩大，金融深化会成为影响企业和区域发展的重要因素，价格机制的市场化使得企业对市场的适应能力越来越强，企业有能力、有空间在更大的市场范围内获取生产要素和生产资源，从而帮助企业冲破地域的

束缚，提升其发展的稳定。

4. 统筹区域产业规划，优化区域产业结构和布局

区域经济的宏观管理和调控，核心内容是优化区域的资源配置，促进落后地区的经济发展。政府在区域经济管理与调控中，要结合区域发展的特点，明确区域经济优势，划定经济发展重点，形成独特的区域经济发展优势。政府的宏观调控还要注意合理布局产业结构，既要保证一定比例的劳动力密集型产业，又要保证足够的高新技术产业，在保证民生的基础上，科学推进区域经济的发展。

从宏观上讲，国家对区域产业结构和经济发展体制的管理和调控应该从以下四个方面入手：①推进行业标准制度建设，提高行业的进入门槛，并淘汰一批低产能、高消耗、高污染的不合格企业，控制产业结构与规模促进行业的健康发展；②研究和制定产业和经济结构布局的关键点，并根据区域经济和社会发展的具体情况，对某些特殊的行业或者在不同区域发展的企业给以区别对待；③敦促各地做好支持产业发展的论证，并切实监督各地政策出台与执行的状况；④对各地经济结构调整和发展计划进行科学的审查与评定，并从全局出发，对各地的经济发展计划进行科学的引导。

第六章　循环经济创新发展

第一节　循环经济的理论基础

一、循环经济的生态学基础

（一）循环再生原理

循环经济本质要求是重新耦合生态复合系统的结构与功能。物质循环、再生利用是一个基本生态学原理，在人类大规模改造地球之前，大部分自然生态系统的结构和功能是对称的，它具有完整的生产者、消费者、分解者结构，可以自我完成以"生产—消费—分解—再生产"为特征的物质循环功能，能量和信息流动畅通，系统对其自身状态能够进行有效调控，生物圈处于良性的发展状态。工业经济和城市化的发展改变了这种格局，使不同的生态子系统从功能上分化成单纯的生产者（如农田）、消费者（如城市）和分解者（如垃圾、污水处理厂等），打破了生态系统物流、能流和信息流的对称状态，产生了结构和功能上的破缺，导致全球生态系统稳态的破坏和功能的衰退，造成一系列资源、环境、安全问题，直接威胁人类的可持续发展。作为可持续发展的经济发展模式，循环经济的本质是一种生态经济。发展循环经济、构筑循环型社会的本质要求是对人类复合生态系统破缺的结构和功能进行重新耦合，这是一项必须面对的空前庞大的生态系统工程。

（二）共生共存、协调发展原理

经济体系与生态系统共生关系是指生态系统中的各种生物之间通过全球生物、地球、化学循环有机地联系起来，在一个需要共同维持的、稳定的、有利的环境中共同生活。自然生态系统是一个稳定、高效的共生系统，通过复杂的食物链和食物网，系统中一切可以利用的物质和能源都能够得到充分的利用。从本质上讲，自然、环境、资源、人口、经济与社会等要素之间存在着普遍的共生关系，形成一个以"社会—经济—自然"为特征，人与自然相互依存、共生的复合生态系统。

循环经济在复合生态系统中的三个子系统之间，强调其相互依存、共生的因素。而传统工业经济发展模式下，三个子系统则成为互为制约的因素，导致社会、经济、自然系统的恶性循环，复合生态系统走向衰退，甚至崩溃，如果不能得到及时、有效的遏制，人类的各种环境问题都会随之而来。在传统的工业体系中，各企业之间的生产、排放各自为政，生产过程相互独立，没有建立起互利共生的发展体系，这是污染严重和资源利用率低的主要原因之一。近年来，发展起来的工业生态学按照自然共生系统的运作模式，规划建立工业企业、行业共生体系。工业生态学强调尽可能实现工业体系内部物质的闭环循环，建立工业体系中不同工业流程和不同行业之间的横向共生和资源共享，为每一个生产企业的废弃物找到下游的"分解者"，建立工业生态系统的"食物链"和"食物网"，通过最大限度地打通内部物质的循环路径，建立企业或行业共生体内部物质循环的链条，实现资源节约、经济效益和环境保护三赢。只有建立完善的行业间（工业、农业、服务业等）共生网络，才能保证整个社会生产系统内部资源利用效率的最大化。

（三）生态平衡与生态阈限原理

发展循环经济必须遵循的基本生态规律既然是生态系统共生的子系统，那么必须遵循基本的生态规律：生态平衡与生态阈限法则。生态平衡是指生态系统的动态平衡，在这种状态下，生态系统的结构与功能相互依存、相互作用，从而在一定时间、一定空间范围内，使生态系统各组成部分通过制约、转化、补偿、反馈等作用处于最优化的协调状态，表现为能量和物质的输入和输出动态平衡，信息传递畅通并控制自如。在外来干扰条件下，平衡的生态系统通过自我调节可以恢复到原来的稳定状态。循环经济的闭环物质循环模式，本质上也是在建立输入与输出平衡、结构与功能稳定、自调节与自组织增强的复合生态系统。生态系统虽然具有自我调节能力，但只能在一定范围内、一定条件下起作用，如果干扰过大，超出了生态系统本身的调节能力，生态平衡就会被破坏，这个临界限度称为生态阈限。

在经营管理"社会—经济—自然"复合生态系统时，我们必须严格地注意生态阈限，使具有再生能力的生物资源得到更好的恢复和发展。人类的社会经济活动不能破坏生态系统的这种自我调节机制，而是要充分利用这种机制，因势利导进行人类的经济活动。比如，任何牧场的牧草生产力与载畜量都存在反馈平衡机制，在人类没有干预的情况下，这个牧场生态系统的牧草生产力与载畜量会趋于动态平衡以维持牧场生态系统的生产力。要实现复合生态系统可持续发展，人类在生产实践过程中就应尊重生态系统的自我调节机制，不能随意开发。人类应在自然规律允许的范围内进行生产活动，在对社会发展，特别是区域发展进行战略规划时，应切实发挥生态系统的自我调节机制，以保证区域发展的可持续性，进而促进整体发展的可持续性。

（四）复杂系统的整体性层级原理

生命系统从微观到宏观包括细胞、组织、器官、个体、种群、群落、生态系统等，组成了多层次、多功能的复杂结构。当由小的单元组成大的单元时，随着结构的复杂化，而附加新的性质，产生了新的功能和新的特征，这就是整体性层级原理。该理论的基本观点为：整体规律大于局部规律之和，局部的规律只有在整体的调节下才有意义。发展循环经济、构筑循环型社会，同样应该从系统、整体的角度着眼，综合调节和控制整体和部分的关系，统筹整体功能和局部利益，从不同层面把生产、消费、循环再生体系纳入社会循环的框架之中。

（五）生态位理论

经济发展适当定位才有比较优势。通俗地讲，生态位就是生物在漫长的进化过程中形成的，在一定时间和空间拥有稳定的生存资源（食物、栖息地、温度、湿度、光照、气压、溶氧、盐度等），进而获得最大或比较大生存优势的特定生态定位，即受多种生态因子限制而形成的超体积、多维生态时空复合体。

生态位的形成弱化了不同物种之间的恶性竞争，有效地利用了自然资源，使不同物种都能够获得一定的比较生存优势，这正是自然界各种生物欣欣向荣、共同发展的原因所在。家鱼共生混养的生产模式，就是生态位理论的应用实例。它们的生态位分别处于共生水体的不同层面，采食不同性质的食物。它们之间不但不会发生生存资源的竞争，而且生活在水体中上层的鳙、鲢没有完全利用的饲料以及排泄的粪便，可以被草鱼利用，提高了资源（空间、食物等）利用效率和生态系统的生产力。

在复合生态系统中，生态位不仅适用于自然子系统中的生物，同样适用于社会、经济子系统中的功能和结构单元。人类社会活动的诸多领域均存在生态位定位问题，只有正确定位，才能形成自身特色，发挥比较优势，减少内耗和浪费，提高社会发展的整体效率和效益，促进社会良性与健康发展。

在我国社会与经济发展过程中，存在着大量的生态位重叠现象。例如，许多地区大量"移植"典型地区的经济发展模式、社会制度模式、教育改革模式等，这种现象层出不穷，造成复合生态系统中各子系统进化信息模板的高度一致和发展生态位的高度重叠，导致大部分地区失去比较发展优势，严重影响区域发展和进步。因此，利用生态位理论，可以为我们寻找社会与经济发展的机遇。比如，在经济转型过程中，产业生态位空缺外在化。又如，回收产业是传统经济体系中的弱势产业，而在循环经济体系下该产业已经成为新的经济增长点等。

（六）生态系统服务的间接使用价值大于直接使用价值原理

生态系统服务是指对人类生存与生活质量有贡献的生态系统产品和服务。产品是指在市场上用货币表现的商品。生态系统服务是不能在市场上买卖，但具有重要价值的生态系统功能，如净化环境、保持水土、减轻灾害等。其实，历史早已证明，生态系统的服务价值远远超出了人们的直观理解。

生态系统服务的间接使用价值远远超过了其直接的使用价值。传统工业经济比较重视生态系统的直接使用价值，造成许多不良后果。在建设循环经济和循环型社会的过程中，必须把保护和增强生态系统服务功能作为工作的重点。尤其对于目前已经超载的生态系统，必须建立能源价格、资源价格、环境价格、生态补偿规则、企业成本核算、绿色税费等制度体系，通过制度限制人类对生态系统产品的掠夺性开发，把人类的活动和消费限制在生态阈限范围之内，强制恢复和保育生态系统的服务功能。

二、循环经济的生态经济学基础

（一）生态政治经济学

循环经济不仅是技术性的运作方式，而且是一种社会生产方式，因此，必须用马克思主义政治经济学的观点对其进行研究。

1. 生态生产力与生态技术

从生态文化观点分析，传统教科书中将"生产力"定义为人类征服和改造自然的能力，是人类中心主义的观点，对人类来说是生产力，而对生态来说却是破坏力。过去讲生产力的标志主要是工具和工业技术。工业技术是一种人类中心主义的现代性的实践精神，技术水平越高就意味着对自然资源的破坏性越大。而依据生态文化的观点，生产力应是一种和谐地利用自然创造财富的能力。生产力包括以下三种形态：

第一，自然生产力。马克思明确提出"自然生产力"的概念，劳动的自然生产力，即劳动在无机界发现的生产力，和劳动的社会生产力一样，表现为资本的生产力。自然生产力是自然界没有劳动者直接介入的情况下的生产力，例如，自然资源、自然物质、能量和信息及其过程的作用或作用力，马克思称为"单纯的生产力"。我们过去只考虑工具和人的生产力，而忽略自然本身的生产力。生态生产力则把自然生产力纳入生产力的范畴，研究自然生产力与社会生产力之间的关系。

第二，生态技术。生态技术不是一般的工业技术，而是遵循生态规律的技术，主要包括污染治理技术、废物利用技术和清洁生产技术。生态科学不仅要认识物质因果规律，更要认识生态规律形成的程序性的知识，不仅是线性科学，更是非线性科学。

第三，精神生产力。作为生产力主体的人不是具有工业技术文化的人，而是具有生态文化思想的人。人作为生态系统的一员，本身具有自为价值、关系价值和生态价值，要形成整体、有机、系统的思维。

2. 生态生产关系

过去强调，生产关系是调整人与人之间的物质利益关系的社会结构。而生态生产关系的市场经济运行机制，超越以私有产权制度为基础的自由市场经济，探讨有利于保护生态的、以公有制为基础的社会主义市场经济运行机制。就生态生产关系来说，循环经济和生态文化对"现代产权理论"提出了挑战。私有产权制度局部上具有保护生态的积极意义，但整体上却不利于生态保护。以私有产权制度为基础的自由市场经济，追求短期资本利润经济利益的最大化，它所必然带来的"负外部性"问题实际上不利于生态的保护。资本主义是现代性的，社会主义作为对资本主义的根本否定则是后现代性的。社会主义公有制的生产关系较资本利润最大化的私有产权制度，更符合共生共存、协调发展、整体层级的生态学原理。

（二）生态计量经济学

生态计量经济学主要研究生态国民经济核算体系，即绿色 GDP（绿色国内生产总值）。绿色 GDP 能较准确地说明一个国家的经济产出总量及国民收入的水平，是衡量一个国家发展程度的统一标准。绿色 GDP 主要有两种核算方法：一种是收入法，它是全部要素所有者收入（如工资、利润、利息等）的汇总数；另一种是支出法，它是全部要素所有者支出（如消费品、投资品、净出口等）的汇总数。经济产出总量增加的过程，必然是自然资源消耗增加的过程，也是环境污染和生态破坏的过程。从 GDP 中只能看出经济产出总量或经济总收入的情况，却无法准确估计其背后的环境污染和生态破坏程度。现有的经济核算和统计方法中，没有把环境的投入（包括自然资源的投入、生态系统的投入和环境容量的投入）计算在内，因此得出的经济数据是不准确的，远远高于实际。我国各省（区、市）、各部门乃至全国公布的 GDP 数字均存在着很大的误差，很可能使我们对全国的经济态势有所误判，得出偏高、偏乐观的估计。在这样的 GDP 数字基础上所做的政策决策，很可能会发生较大的偏差。为了从根本上缓解经济发展和保护环境之间的矛盾，促进企业、行业乃至全社会生产力的更新和发展，必须尽快推行绿色 GDP 制度，摒弃不将环境投入计入成本的现行的 GDP 核算和统计制度。绿色 GDP 指标，实质上代表了国民经济增长的净正效应。绿色 GDP 占 GDP 的比重越高，表明国民经济增长的正面效应越高，负面效应越低；反之亦然。

（三）生态经济伦理学

经济伦理学属于应用伦理学，也是经济学研究的延伸、扩大和具体化。生态经济伦理学则是伦理学、经济学与生态学的交叉学科。经济伦理是商品经济尤其是市场经济发展的产物，是内在于市场经济活动的伦理原则和道德规范。经济伦理学主要研究经济价值与伦理价值之间的关系，生态经济伦理学则要进一步研究经济价值、伦理价值与生态价值之间的关系。市场经济主体利益最大化追求并不总是与社会公共利益、生态价值相一致，因此，生态经济伦理学要探讨在不损害社会福利和生态价值的前提下，市场经济主体在经济利益最大化时的行为规范问题。生态经济伦理规范的基本内容除了传统经济伦理规范的合理性、正当性原则，自由平等、等价交换原则，效率原则，还包括生态伦理原则。生态经济伦理的实现涉及生态经济、循环经济的制度建设问题。

三、循环经济的制度基础

（一）生态法律制度与行政管理制度

循环经济要发展必须有国家政权的宏观管理，进行循环经济和环境保护立法，建立生态法律制度与行政管理制度。现代工业企业与生态环境存在紧密联系。一方面，生态环境是现代工业企业存在和发展的外部条件，对某些特定企业（如特色农业、酿酒、精密仪器、电子信息产品）来说，生态环境对企业发展具有决定性作用；另一方面，企业是生态环境的使用者。生态环境是公共物品，而企业生产是私人物品，二者之间存在较大的冲突。企业生产会排放大量的三废（废气、废水、废渣），企业的经济效益往往以对环境的破坏为代价。循环经济是一个宏观的产业体系，包括企业内部的循环、生产之间的循环和社会整体的循环三个层次，必须利用国家政权的力量促进这个体系的建立。

要发展绿色消费市场和资源回收产业，仅凭利润最大化这一驱动力，靠私有企业，是无法实现的。在绿色消费中，绿色产品的认定及其标志都需要政府管理；循环经济企业发展也需要国家制定环境价格政策、绿色税收政策、财政投入政策、财政信贷政策、生态补偿政策和污染收费政策进行支持；资源回收产业必须由政府统一计划、统一协调建设。

（二）生态文化教育制度

循环经济是一种广义的文化活动，需要从根本上建立与其相适应的伦理文化观念体系和符合生态伦理的生活方式，从根本上改变现代性的纵欲享乐主义、消费主义价值观念和生活方式。这需要通过规范的生态教育制度，培养千百万具有生态文化观念的新人。具有生态世界观的知识分子在大众传媒等公共领域的宣传教育作用至关重要。

生态文化是一种世界观、生产方式和生活方式。生态文化首先是世界观和思维方式的变化。古代文化是神圣的、朴素的生态文化，现代工业文明则是理性文化，基本的观点是机械世界观、人类中心的主客体论、把世界一切东西工具化的工具论和偏重于分析的思维方式。生态文化对世界持有机的、整体的、系统的观点，把生态系统看成是自组织、自演化、自调节的"自然—社会—人"三位一体的复合系统。在这个复合系统中，自然并非任人征服改造的单纯对象化的客体、工具，而是自组织、自演化的过程。自然有演化方向的过程，就是某种意义的合目的主体性行为。因此，生态系统各要素既有自为的固有价值，也有对生态系统其他成员的工具价值，更有在生态系统中占据独特生态位的、对生态系统整体演进起作用的生态系统价值。人在生态系统中也占据其应有的生态位，是自然生态系统平等而独特的一员，不是征服、改造自然的主体，而是调控主体。因此，人与自然的关系不是现代性思维方式下的"主客体关系"，而是互相引导、互相影响、互为伴侣的"主体间"关系。

应在存在论意义上，在生态价值基础上，形成人的生态伦理。一方面，人作为自然的调控者，要考虑自身对自然生态系统的独特责任，有照看生态万物"同伴"的义务，使自然演化得更好；另一方面，人作为生态价值的受动者，要顺应自然生态系统的自组织演进规律，而不是违反自然生态系统的自演化规律，做揠苗助长的罪人。工业文明之所以没有农业文明长久，原因之一就是只注意自然的因果规律，而忽略生态自演化的规律，对自然的破坏速度较快，短期的局部收益以损害人类长期的生存和发展为代价。对自然犯罪就是对自己犯罪，就是破坏人类长远的生存根基，这大概是将非循环经济发展模式转变为循环经济发展模式最为重大的现实和历史意义。这就要求人类的生产方式和生活方式必须按照生态规律的要求进行重塑。

第二节　工业循环经济

一、企业循环经济

（一）水资源的循环利用

针对流域水污染治理和污水再生利用面临的突出问题，本研究在分析传统城镇水系统和污水再生利用模式及其存在问题的基础上，提出了区域水资源介循环（Water meta-cycle）利用模式，以期为解决水资源短缺、水环境污染和水生态破坏等突出问题提供新的路径。

1. 传统的城镇水系统与污水再生利用模式

（1）传统的城镇水系统

目前的城镇水系统绝大多数都采用取水→供水→用水→排水→污水处理→排放的单向线性模式。

该模式的特点和不足：从区域外取水，向区域外排水，水单向流动和单次利用，供水和排水系统分离，没有形成水循环利用体系，水资源利用率低；供水管网单一，供水水质单一，难以实现按需、按质供水；工业废水和生活污水混合处理，导致水质安全保障困难，限制了污水回用和污泥资源化利用。在多数城市，特别是工业园区和县镇，不同种类的工业废水混合收集后，与生活污水一起进入综合污水处理厂进行集中处理，从而导致了综合污水处理厂运行不稳定、水质安全难以保障等突出问题；将污水作为污染物进行处理，其目标主要是达标排放，而水、有机物和无机盐等污水内含资源却没有得到充分利用，造成资源浪费。

（2）传统的污水再生利用模式

污水再生利用是提高水资源利用效率、防止水环境污染的有效措施，越来越受到国内、外研究者的重视，再生水的利用途径也越来越广泛，间接补充饮用水（补充水源）逐步开始被接受。污水再生利用系统具有污水处理和给水处理的双重定位和性质，其与污水处理和给水处理既有相似之处，又有明显差别。污水再生利用系统是一个污水处理系统，但与传统的污水处理系统的显著差别在于，其处理后的出水不是达标排放，而是有明确的用户。也就是说，污水再生利用系统的出水具有"产品"的属性，满足安全性、功能性和经济性等基本要求。

污水再生利用系统也是一个供水系统，但其与从水源取水生产单一水质自来水的传统供水系统有明显差别。污水再生利用系统以污水为水源并将其转化为可使用的水资源，水源性质更复杂，所含有污染物种类多、浓度高、危害大，水质安全保障更具挑战性；不同回用用途对再生水的水质要求也不同，导致用户水质要求多样，系统设计和运行管理更加复杂。

综上所述，与自来水供水系统相比，污水再生利用系统在水质安全保障上面临的挑战更大、更复杂，对研究手段、技术和工艺以及水质监管的要求更高，因此须进行比给水处理更全面、深入、系统、精细的研究，根据污水再生利用的特点，进行系统设计和运行管理。

城镇污水再生利用系统设计与管理须充分考虑其自身的特点，但是在实践中仍存在很多亟待解决的问题。传统的污水再生利用是一种基于人工强化的水回用系统，其基本特点是再生水的直接、单向和单次利用，没有形成水的循环利用或闭环循环。同时，传统污水再生利用系统还存在以下不足：再生水的自然属性欠缺，水质安全难以保障，公众心理难以接受；再生水不同用途相互独立，利用效率不高；再生水的工业和生活利用与生态利用没有兼顾。因此，解决传统城镇水系统和污水再生利用模式存在的问题，实现水资源可持续利用，保障用水水质和水环境安全，成为重要的课题。

2. 再生水的生态媒介循环利用

为提高再生水的自然属性和利用效率，保障水质安全，基于生态系统特点和污水再生处理生态工程技术研究成果及应用实践，建议研究、开发并实施再生水生态媒介循环利用方式。再生水生态媒介循环利用方式的核心：经过工程措施处理得到的再生水首先进入人工强化调控的生态系统（如人工湿地、氧化塘、河湖景观水系等），之后经过自然储存和净化后再循环利用于工业、生活和农业用水。

再生水生态媒介循环利用方式既保障了生态用水，又净化了水质，在提高再生水利用效率的同时，也提高了再生水的水质安全性；同时，将通过工程措施得到的再生水（工程再生水）转变为"生态再生水"，可以提高公众心理接受程度；另外，该模式实现了生态用水和工业、生活用水的梯级利用，平衡了工业和生活用水与生态用水间的矛盾，兼顾了各种需求。

人工湿地、氧化塘、河湖景观水系等人工强化调控生态系统是再生水生态媒介循环利用的核心，但其与再生水的生态环境与景观利用在目的和功能上有所差别：该系统不是再生水的终极利用目标，而是污水再生利用的中间环节，具有水质净化和水量储存（生态储存）等功能，相当于城市的第二水源，即"非常规水源"。同时，其水质目标和技术要求也根据后续利用目的的不同而不同，因此工程设计、运行维护和水质保障技术措施也不同。

3. 区域水资源介循环的概念与特征

（1）介循环的基本概念

基于再生水生态媒介循环利用方式，融合企业和家庭、社区内部以及企业间和区域层面的水循环利用，本研究提出了区域水资源介循环利用模式。

介循环是一种人工强化生态调控的区域水资源多阶多元循环利用模式。通过企业、家庭和社区等局部单元内的水循环利用，工业和城市等社会系统尺度内的污水再生处理与直接利用，以及区域层面上再生水的生态媒介循环利用等，促进不同层阶和不同用途水循环利用的有机衔接与耦合，实现再生水的安全聪巧利用及区域尺度上水资源的闭循环利用和趋零排放，以保障水环境安全，促进可持续发展。

介循环中的"介"，一是寓意"媒介"和"衔接"，体现再生水的生态媒介循环利用以及不同层阶和不同用途水回用间的关联、融合；二是和"阶"谐音，寓意多阶多元，体现生态学中"元"（Meta）的概念。

（2）介循环的结构特征

根据介循环的定义可知，其本质是一个不同层阶和不同用途水循环利用的嵌套耦合系统。介循环包括局部过程、社会系统和区域生态三个不同尺度的三阶水循环利用。

一阶循环，即区域生态循环，主要指再生水用于河流、湖泊和湿地等的生态补水，以及生态媒介利用。二阶循环，即社会系统循环，主要指区域范围内的污水再生处理与再生水直接回用。在工业上体现为工业园区层面（企业间）或工业生态系统内（行业间）的水循环利用；在市政和生活上体现为城市系统内的水循环利用，比如城市污水再生处理及再生水的洗车、冲厕等直接城镇杂用。三阶循环，即局部过程循环，主要指生产或生活单元内部的水循环利用。在工业上体现为企业内部的梯级利用和循环利用，在生活上体现为家庭内或社区内的水循环利用，在农业上体现为农业农田灌溉的水循环利用。

（3）介循环的基本目标

根据介循环的定义可知，其目标是实现再生水的安全利用、区域尺度上水资源的闭环循环利用和趋零排放。安全主要表现为再生水的安全、高效、可靠和智能利用。再生水利用面临的潜在安全问题主要有水质安全、水量保障和事故防范。

污水中存在种类繁多、性质及危害性各异的污染物，除常规的无机盐和有机污染物外，还存在对人体健康和生态系统有很大危害性的污染物，如病原微生物、氮磷等植物营养物质、有毒有害污染物（如重金属、微量有毒有害有机污染物）等。因此，水质安全（包括对人体健康的影响、对生态环境的影响和对生产安全的影响）是保障再生水利用的关键和前提。

再生水的高效利用主要包括：优化污水再生处理工艺和再生水利用途径，降低再生利用能耗，提高水资源利用效率。主要措施包括：根据"分质供水、低水低用、高水高用"的原则，科学协调和平衡水质安全与能耗的关系。通过区域内不同用途的优化配置和不同层阶循环利用的嵌套耦合，优化水循环利用系统设计（用途、水量、水质），降低水循环利用系统的资源能源消耗。在保证水质安全的前提下，优选处理技术和工艺组合，通过自动化和信息技术优化运行管理，提高再生处理系统的能源效率，减少碳排放。以充分利用污水中的内含资源和能源为目标，研究、开发和利用包括污水源头分质收集和输送技术、污水精炼技术、水质生态净化技术在内的污水资源能源化新原理、新技术和新工艺，提升区域污水系统的综合效益。

再生水的可靠利用主要是指，按照全过程风险管理原则，对污水排放，特别是有毒有害工业废水排放（再生水水源）、再生处理工艺、再生水储存与输配以及利用环节进行科学、规范管理，提高系统运行的可靠性。再生水的智能利用主要是指，通过现代水质检测理论和技术，实现再生水水质的多参数在线监测和预警，以保障再生水利用的安全性和可靠性。

4. 介循环与相关概念的辨析

在水文与水资源领域，把水的循环分为自然循环和社会循环。水的自然循环是指在地球上，由蒸发和蒸腾、水汽输送、降水、下渗、地表径流和地下径流等一系列过程和环节形成的庞大的水循环系统，分为海上水循环、海陆间水循环和陆地水循环。陆地水循环是指陆地水经蒸发和蒸腾作用被带到高空，再经降水过程返还陆地的循环，该类循环主要存在于内陆地区。

与水循环相关的其他术语和概念不同，介循环是区域尺度上水资源循环利用的一种复合模式，以再生水的生态媒介循环利用为核心，以实现区域水资源闭环循环利用和趋零排放为最终目标，是水的社会循环的一部分，对促进健康水循环的形成有积极的意义。

（二）能量系统的集成

1. 基于能的综合梯级利用的系统集成

（1）热能品位对口，梯级利用

在 CCHP 系统中，通常高品位的热能多来自化石燃料燃烧；而中低品位的热能主要来自联产系统上游某热力子系统的输出，但有时也可能来自联产系统相关外界的可再生能源系统或外界环境。因此，在利用中温和低温热能时，需要对用户的需求以及各个热力子系统的功能进行仔细分析。动力子系统输出高品位的电，因而对输入热能的品位要求很高；对于吸收式制冷机和吸式热泵而言，需要的热源温度则更低一些，如双效溴化锂吸收式制冷机要求热源温度在 120℃左右；而用户需要的生活热水和供暖所需的热源温度只有 60℃左右。可见，燃料燃烧产生的高热量应优先用于提供给动力子系统，做功发电；经过这一级利用后，再为吸收循环提供热源，驱动制冷或热泵；温度进一步降低后，再通过简单换热生产热水。经过上述若干级热能利用后，动力子系统排气中余热的品位大幅度降低，可利用的数量也大幅度减少，利用价值显著下降，无利用意义的余热最后被直接排向环境。

（2）正循环与逆循环耦合

分布式联产系统常常是由多个循环集成得到的总能系统，其所采用的循环基本上可分为两大类，即正循环和逆循环。动力子系统的功能在于输出电，目前普遍采用的传统热转功系统属于正循环。制冷子系统通常是利用动力子系统的余热驱动的吸收式制冷循环，输出低于环境温度的冷量，属于逆循环。在CCHP系统中，正是通过正循环和逆循环的耦合来实现冷热电的多能源供应。正逆循环耦合的关键在于两循环之间在能量传递与转换利用时，量与质同时优化匹配，以最大限度降低能量转换利用过程的损失。通常，动力正循环和制冷逆循环运行的温度区间分别位于环境状态以上和以下，两者具有多方面的互补性。在此基础上，将动力系统与制冷系统进行集成，构成正逆耦合循环，即制冷系统的高温换热器充当动力系统的低温热源，而动力系统的排热充当制冷系统的高温驱动热源，两种系统的有效整合可大幅度提高联产系统的性能。

（3）热力循环与非热力循环耦合

高温燃料电池等新型动力系统，采用的不是传统意义上的热力循环。若把它们和传统热力循环耦合，则可以充分实现燃料的化学能与物理能综合梯级利用，达到更高的能源利用率。燃料电池可以单独作为联产系统的动力子系统，也可以与传统热机（如燃气轮机、内燃机等）共同构成复合动力子系统。单独作为动力子系统时，燃料的化学能在燃料电池中直接转换为电，未转化部分可在余热锅炉、余热型机组等热量回收装置中通过二次燃烧转化为热能，然后与来自燃料电池的高温热能混合，再通过制冷子系统、供热子系统对其进行梯级利用。在由复合动力子系统驱动的联产系统中，未被燃料电池有效利用的化学能在后面流程的热机中燃烧转化为热能，再与上游的高温热能混合，共同进行热功转换，最后用于制冷、供热。与传统热机构成的联产系统相比，这种热力循环与非热力循环耦合的联产系统增加了对化学能的直接利用，降低了燃料利用过程中的品位损失。

（4）中低温热能与燃料转换反应集成

在CCHP系统集成时，可利用合适的热化学反应（如重整或热解）对燃料进行预处理，而且该过程可与尾部的热力系统整合在一起。对燃料进行热化学预处理，可将较低品位的热能转化为合成气燃料的化学能，以合成气燃料的形式储存，然后通过合适的热机实现其热转功。燃料化学能，如甲烷或甲醇的化学能，可以通过水蒸气重整反应转化为氢气的化学能，将反应吸收的热能转变为合成气燃料的化学能。上述过程可在大幅提升热能品位的同时，使燃料更清洁、更易于利用，并增加热值。这种集成方式显著提高了整个联产系统的热力学性能，同时为高效利用太阳能或系统中的中温和低温余热提供了新途径。

2. 能源、资源与环境的综合互补

（1）多能源互补

可再生能源具有分布广、能量密度低、不稳定、无污染等特点，而化石能源则具有分布不均匀、能的品位高、可连续供应、有污染等特点。因此，太阳能、地热能、生物质能等可再生能源与化石能源有很强的互补性，在CCHP系统中有广泛的应用前景。通过太阳能与化石燃料的互补，提供合适温度的热能，既可以减少化石能源的消耗量，又可以使集热器具有较高的集热效率。由于地质条件的差异，可以根据不同地区可以提供的地热能温度，将地热能导入联产系统。生物质能与化石燃料也可以一起构成双燃料系统，通过生物质的气化或直接燃烧利用，减少联产系统对化石燃料的消耗。

（2）燃料能源与环境能源整合

CCHP 系统与外界存在物质和能量的交换，而它的中温和低温热能利用子系统与外界进行的交换主要是热能交换。在进行系统设计配置时，应根据当地具体的技术、经济、环境条件，尽可能结合周围的环境热源进行统筹安排。环境热源通常是指系统附近的环境水热源和空气热源。用吸收式热泵替代简单的余热锅炉，使环境热源的温度提升到可以利用的水平，能大幅度提高中品位热能的利用效果。也可以有效利用环境作为冷阱，起到改善联产系统效率的作用。城市中水和污水温度相对空气温度较高，而且较地表水稳定，具有比较好的可用性。

3. 基于全工况特性的联产系统集成

工况的改变一般会使联产系统的性能降低，而偏离设计工况越远，联产系统性能下降得越明显。为了缓解工况的改变对联产系统性能的负面影响，应在进行联产系统集成时考虑基于全工况特性的系统集成原则与必要措施。

（1）输出能量比例可调的集成措施

CCHP 系统面向的是小范围的用户，其冷、热、电负荷通常存在较强的动态性，需要对相应的联产系统输出进行调整。可以根据用户能源需求的变化情况，采取措施，调节不同子系统的能源输入量，进而控制不同子系统的输出，使系统的输出可以满足用户的需求，这样一来，联产系统的全工况性能就能得到明显改善。例如，采用燃气轮机注蒸汽（STIG）技术将余热产生的蒸汽部分返回到燃气轮机中做功，通过改变回注蒸汽量来调节系统冷热负荷与电负荷之间的比例，进而改善联产系统的全工况性能。也可以采用可调回热循环的联产系统集成措施。可调回热循环燃气轮机透平出口的高温燃气分成两股：一股燃气进入回热器，回收热能用于预热压气机出口的空气；另一股燃气被直接引到回热器的燃气出口侧，与回热器出口的燃气重新混合，然后共同进入余热锅炉。系统尾部的余热锅炉回收排气中的余热，用于供热或制冷。可根据用户的需求对通过回热器的烟气量进行调整，增强联产系统的负荷应变能力，改善系统的全工况性能。

（2）采用蓄能调节手段的联产系统集成

一般说来，小型供能系统在能量供应和需求之间通常存在差异，可分为两种：一种是由能量需求变化引起的，即存在高峰负荷问题，使用蓄能系统可以在负荷超出供应时，起到调节或者缓冲的作用;另一种是由供应侧引起的,外界的供应量超过需求量时,蓄能系统就担负着保持能量供应均衡的任务。蓄能不但可以削减能量输出量的负荷高峰,还可以填补输出量的负荷低谷,在 CCHP 系统中配置的蓄能系统的作用还可以强化。可以利用蓄能实现平衡峰谷和增效节能双重目的。通常,应对用户侧的部分负荷需求时,供能设备效率会明显下降。但是,机组若能与蓄能设备配合,可以始终在高效率的额定工况下运行,多出的输出储存于蓄能装置中,而在用户侧的尖峰负荷时释放出蓄能装置蓄存的能量。因此,集成蓄能的 CCHP 系统既能满足负荷动态变化,又能保持联产系统全工况高效运行,是一种"主动"型能源转换与利用模式。

(3) 系统配置与运行优化的系统集成

为适应用户负荷的变化,CCHP 系统通常使用常规分产系统作为补充,合理整合两种系统有利于提高用户能量供应的可靠性,但需要仔细考虑系统的容量和运行方式。为此,可以采用多种系统配置与运行优化模式。

(4) 多个独立小规模联产系统的优化组合

当用户的需求开始下降时,各个独立的小系统可以依次降负荷,直至全部停运始终保证同一时间内最多只有一个独立系统处于部分负荷状态,而其他投运的系统均处于满负荷状态,有效地改善整个能量供应系统的性能。

(5) 部分常规系统与联产系统的优化整合

当用户负荷需求与联产系统的设计工况偏差较小时,分产系统可以不运行;偏差较大时,联产系统单独运行效率不高,则在满足联产系统高效运行的前提下,采用分产系统或分产、联产系统联合运行,使整个能源供应系统的全工况性能尽可能达到最佳配置。

(6) 与网电配合的优化运行模式

通过优化配合,既可以降低联产系统的容量,节省建设成本,也可以有效利用常规系统的资源,减少整个系统的运行成本,还可以通过联产系统调峰作用,改善常规电力系统的性能。

(三) 固体废物的综合利用

1. 一般工业固体废物综合利用途径

工业固体废物的综合利用是一种封闭物质循环的思想,是资源多级利用的体现,表现为一种工业的废物在另外一种工业生产中可能是原料。一方面,可以节约资源、保护环境;另一方面,减少了固体废物的堆置和处置,可以在一定程度上解决我国固体废物数量庞大的问题。以下介绍几种较成熟的固废综合利用技术手段:

（1）废纸的资源化

造纸工业是污染严重的工业，这种污染从技术上来说是可以解决的，但投资太大。利用废纸造浆，没有大气污染，其对水的污染也容易处理。而且用废纸做原料造纸，每吨可节约木材2~3立方米，不仅可以减少环境污染，还可以保护森林资源，减少对生态的破坏。目前，废纸的再利用主要是以废纸做原料，通过合理布置、选择制浆工艺和控制参数，生产出质量优良的纸浆来生产再生纸。

（2）冶金废渣的利用

①高炉渣的资源化利用

高炉渣属于硅酸盐材料范畴，适合于加工制作水泥、碎石骨料等建筑材料。高炉渣的资源化途径取决于高炉渣的冷却方式，冷却方式不同，高炉渣的特性不同，资源化途径也就不同。高炉渣是冶金工业中产出数量最多的一种废渣，目前，我国高炉废渣的年产出量约3 000万吨。主要利用方式是将液态热熔渣洒水淬冷，制成粒化的水淬渣，成为制造水泥和混凝土的混合材料；少量用于生产膨珠和矿渣棉。但总利用率在85%左右，每年仍有数百万吨高炉渣被弃于渣场。

②钢渣的综合利用

钢渣中含Ca、Si、Al、Fe、P等元素。目前，我国钢渣的综合利用主要包括回收废钢铁和钢粒、用作冶金原料、生产建筑材料、农业利用、回填等途径。钢渣用作冶金原料。可以从其中分选回收废钢和钢粒，用作冶炼溶剂。钢渣用作建筑材料。可以用作筑路材料，生产水泥和钢渣砖。钢渣用作农肥和酸性土壤改良剂。根据钢渣所含元素所占比例，可以加工成磷肥、硅肥和钙镁磷肥。而且，由于含金属氧化物活性较高，特别适合用作酸性土壤改良剂。钢渣中稀有元素的富集和提取。有些钢渣中含有铌、钒等稀有金属，可用化学浸取法提取这些有价成分，充分利用资源。

③铁合金渣的综合利用

铁合金渣因含有铬、锰、钼、钛、镍等金属，故先考虑从中回收有价金属。对于目前尚不能回收的铁合金渣，可用作建筑材料或农业肥料。锰铁合金渣和锭硅合金渣与熟料、石膏混合，可生产325号以上硅酸盐水泥。用熔融硅锰渣、硼铁渣和铝铁渣等可生产铸石产品。金属铬冶炼渣可作为高级耐火材料骨料，已在国内推广使用。从磷铁合金生产产生的磷泥渣中可回收工业磷酸。

④有色金属渣的综合利用

除铁、锰、铬以外的64种金属或半金属化为有色金属。有色金属贫矿较多，品位较低，成分复杂，一般每冶炼1吨有色金属要产出几吨甚至几十吨废渣。赤泥是铝土矿生产氧化铝过程中排出的红色残渣，目前国内外赤泥大多在堆场贮存或投海，但自然堆放容易污染环境。赤泥中含有一定量的 TiO_2、Al_2O_3；Na_2O、Fe_2O_3 等有价金属，可通过一定工艺提取金属和稀有、稀土元素，但由于经济原因，尚未投入工业应用。现在我国赤泥的主要回收方式是生产环境材料，如利用赤泥生产水泥等建筑材料、作为橡胶和塑料工业的填料、酸性土壤调节剂、红色颜料、合成肥料以及用于废水废气的治理。铜渣主要来源于火法炼铜和炼铅炼锌过程的副产物，含有不同量的铜、铅、锌、镉等重金属和 Au、Ag 等贵金属，具有回收价值。提取金属后，还可用于生产水泥、铸石等建筑材料。

（3）粉煤灰的资源化

粉煤灰是从煤燃烧后的烟气中收捕下来的细灰，是燃煤电厂排出的主要固体废物。粉煤灰是我国当前排量较大的工业废渣之一，随着电力工业的发展，燃煤电厂的粉煤灰排放量逐年增加。大量的粉煤灰不加处理，就会产生扬尘，污染大气；若排入水系会造成河流淤塞；而其中的有毒化学物质还会对人体和生物造成危害。粉煤灰可以用来生产粉煤灰水泥、砖、混凝土及其他建筑材料，还可用作农业肥料和土壤改良剂、回收工业原料。

2. 废物交换

废物交换是指企业间寻求利用彼此的废物（如废水、废气、废渣等），而不是将其作为废物抛弃掉。废物交换是应用工业生态学中最常被使用的战略之一，它的流行缘自其经济利益，即企业可以从某些废物中获得新的收益并降低其他一些废物的处理成本。从需求的角度来看，利用废物企业可能以较低的成本获得原材料。对企业来说，参与废物交换可以有效利用资源并提高环境绩效。

所谓废物交换是指在政府的监管下，甲企业将自己产生的废物交换给乙企业。换句话说，就是把一个企业产生的废物作为另一个企业的原材料，实现物质闭路循环和能量多级利用，形成相互依存、类似自然生态系统食物链的工业生态系统，使企业之间形成物质、能量、信息的共生关联，从而提高物质、能量、信息的利用程度和生态效率，显著改善企业的经济绩效，推动社会经济增长，真正实现经济与环境的协调发展。废物交换以企业之间沟通供需信息和技术为基础，将废物产生企业产生的废物变成利用废物企业的资源，将废物转移到利用废物的企业进行资源化。例如，炼钢厂的废物钢渣是水泥厂的原料，利用钢渣生产矿渣水泥，质量上等；水泥窑的高温余热可以用来发电；发电厂的余热可集中向居民区供热；等等。

废物交换的核心思想是：从理论上讲，废物不是废物，任何一种废物都有其使用价值，只是在短时间内没有找到使用场所；或者开发其用途时，成本较高，经济上不合算；或者只有社会效益而无经济效益；或者说废物具有较严重的毒害性、传染性或放射性，以目前的技术尚无法加以利用；等等。

在我国，废物交换的试点经验表明，废物交换有着非常重要的意义，是建设"资源节约型、环境友好型"社会的必然选择，符合循环经济区域层面的要求，是环境保护与提高经济利益的统一。

二、生态工业园区

（一）生态工业园区概述

工业生态学也可以叫"产业生态学"，它强调资源共享，通过不同工业生产过程中的工业体系和不同行业之间的横向共生关系，为每个企业的废物确立工业生态系统和"食物网"和"食物链"，并且找到下游的"分解者"，最大限度地形成闭环的物质和能量循环利用链，并且共享某一区域内的基础设施、资源和信息等，以实现节约资源、环境保护和经济效益等的多赢。目前，实现这一理想状态最重要的形式是模仿自然共生的运作模式，建立生态工业园区的工业共生，分析园区内各企业间的合作、利用关系，建立能量和物质多级利用的共生产业链，以提高园区企业整体的盈利和生存能力，同时起到环境保护和节约资源的作用。

1. 优势与特性

生态工业园表现为产业领域、地理位置、行业信息、配套设施、买者意向等的工业集聚现象，并且集群的经济关系间存在着相互竞争、合作、交流，进而实现知识和文化共享，通过提高各企业的利益来实现整个区域经济发展水平的提升。与传统的工业园相比，其最大的优势在于，它不仅强调经济利益的最大化，更注重与经济、社会和自然环境等功能的协调。从自然环境的角度看，生态工业园区是和谐共生且最具环保意义的一个工业群落。生态工业园的"生态"，已不是狭隘的生物学概念，而是具有可持续发展的含义，是人类社会生产生活与自然和谐相处、繁荣、共生的复合系统。生态工业园普遍具有以下特性：

（1）高效的经济

经济利益是生态工业园区的核心，经济利益的根本保证赋予其强大的生命力。园区内的企业通过节约原材料、深度利用资源、能量梯级利用、产品多样化、废物回收等方式，依托清洁生产技术、信息技术、网络运输和环境监测等技术支持，提高生产效率，降低生产成本，共享其公共设施和支持性服务，减少企业建设和运营成本。由于企业群落的集中布置，可以有效地降低运输成本，并且一大批企业集群将产生巨大的需求，能够使得园区内部的生产和销售规模在同类产品中维持较大份额，这种规模经济效应，充分保证了各企业在园区内得到高质量的中间产品和低成本的劳动力供给。

园区企业获得的既有经济效益将增加生态工业园物业的价值，为管理带来新的利润；与此同时，园区内原有的企业可以在园区的新企业中寻找更多的客户和买家，从而增加整个生态工业园区企业的盈利收入。有最新研究资料表明，一个布局合理、规划有序的工业园区可以节省城市工业用地，减少工业管道网络，缩短运输线路。因此，生态园区企业集群由于共享基础设施、支持性服务等，可以将企业从庞大的基础设施投资和服务体系投资中解放出来，降低了投资风险和企业成本，最大限度地方便了园区企业的生产。

（2）物质的闭路循环

物质的闭路循环是最能体现生态工业园区内自然循环理念的策略，应该在产品的设计过程中就加以考虑。但是，从技术经济合理的角度来讲，物质的闭路循环应该是有限度的。一方面，过高的闭路循环会显著增加企业的生产成本，降低企业产品的市场竞争力；另一方面，与自然生态系统的闭路循环相反，生态工业系统的闭路循环在某种程度上会降低产品的质量。实际上，工业闭路循环的物质性能具有呈螺旋形递减的规律，这就要求企业要反过来寻找高新技术，使物质成分和性能在多次循环利用过程中保持稳定状态。

（3）优良的环境

生态工业园区的形成将大幅度降低社会生产对自然资源的需求，同时最大限度减少生产中的废物和污染源。园区企业将引进创新的清洁生产手段，减轻环境负担，使园区整体环境质量的综合指数达到较高的水平。从环境角度来看，完全回收利用可以彻底解决环境问题，即从根本上解决经济发展和环境保护的矛盾。在自然环境层面上，生态工业园区的景观应具有地方特色，园区内生态系统保持良性循环。从人文环境的角度看，应具有较高质量的人文环境，其中包括良好的社会秩序和社会氛围；拥有较高的人口素质和受教育水平，以及强烈的环保意识；有丰富多彩的文化生活、良好的医疗条件与安逸的社会环境，以及深入人心的绿色消费理念等。

（4）完善的生态管理系统

生态工业园区是生态工业发展的最佳组合模式，而管理模式的选择将直接影响园区的生态工业特性。对现有或规划建设的工业园区，按照工业生态学的原理进行建设和管理，这也是衡量生态工业园区的一个重要指标。生态管理系统主要分为以下三个层次：第一个层次是产品层次，要求园区企业尽可能根据产品生命周期分析、生态设计和环境标志产品要求，开发和生产低能耗、无污染、可维修、可循环利用的安全产品；第二个层次是园区企业，尽可能使企业本身实现清洁生产和污染零排放；第三个层次是园区层次，建立园区水平上的环境管理体系、园区计划、园区废物交换系统等。通过园区、企业、产品不同层次的生态管理，树立园区良好的环境和生态形象，为可持续发展提供生态保障。

2. 生态园区的类型

（1）按产业结构分类，分为联合型和综合型

联合型生态工业园是以某一大型的联合企业为主体的生态工业园。一般对于化工、石油、冶金、食品、酿酒等行业的大型企业来说，选择联合型的生态工业园比较合适。

相比联合型生态工业园，综合型生态工业园需要更多考虑各个企业之间的合作与协调，因此，其内部各企业之间的工业共生关系更为复杂。近年来，一些传统的工业园区的改造比较适合按照这个方向发展。

（2）按原始基础分类，分为改造型和全新规划型

改造型生态工业园是指园区内原来已经存在一些基础工业，现阶段可以通过技术创新或者设备升级等手段提高整个园区对物质和能量的利用效率，降低废物对自然环境的影响。

全新规划型生态工业园是指在一片未开垦的土地上进行规划和设计，主要吸引能够耦合、有共生产业链的企业群进驻园区，并为其提供良好的公共服务设施，以便这些企业可以进行物质和能量的交换以及重复利用。例如，我国南海生态工业园就是这一类型。

（3）按区域位置分类，分为实体型和虚拟型

实体型生态工业园又称为封闭的生态工业园，该类园区成员在地理位置上处于一定封闭区域内，企业间有物质流、能量流、水流的交换，实现对废物减量化、再利用、再循环的目的。虚拟型生态工业园的成员不一定集中在某一区域，而是通过园区的数据库和数学模型，同时利用现代信息技术建立成员间物质和能量的交换关系，最后在现实中寻找上下游企业组成合理的生态工业链、网。虚拟型生态工业园的优点是可以避免昂贵的购地费用，较为困难的企业也可以不用迁址，灵活性较强；其缺点是有可能距离较远，承担的运输费用有可能大大增加。

（二）生态工业园区设计

1. 生态工业园区的设计原则

（1）生态链原则

设计生态工业园必须首先考虑成员间在物质和能量的使用上是否形成类似自然生态系统的生态链或食物链，只有这样才能实现物质和能量的封闭循环和废物最少化；其次考虑园区成员间是否具备市场规范的供需关系以及需求规模。供需的稳定性均是影响发展的重要因素，特别是废物、副产品的供需关系影响到园区的废物再生水平。因此，设计的关键是成员企业类别、规模、位置上的匹配。

（2）工业生态系统整体性与成员个体性统一的原则

工业生态园既追求工业园整体乃至整个区域的经济和环境效益，也追求成员自身的经济效益和环境效益，这就需要保证系统的整体性和成员个体性的统一。从操作、运行和管理上，要使物质和能量流动以及信息交流在整个园区内形成快捷、顺畅的网络，而成员个体间以市场原则进行联系以体现个性。

（3）多样性原则

园区成员组成和相互间的联系要多样化，而且要有创新性，不能一成不变，这样才能保证工业生态系统的平衡和稳定发展。

（4）绿色管理原则

生态工业园的管理系统必须成熟、功能强大，能够协调各企业间副产品的交换，并帮助企业适应整个循环中某个或某些环节的突发改变。

（5）经济、社会、环境和谐的多功能原则

经济、社会和环境的和谐是可持续发展的基础，是工业生态学的基本目标。因此，生态工业园必须兼备经济、社会和环境的多项功能和多重效益，以符合工业生态学的宗旨。

（6）园区空间组织和联系的高效性原则

在追求经济成本和环境成本优势的市场里，仅仅是地域上的邻近已不足以确保现在企业的竞争力。工业园区的设计在于形成高效的工作系统，其内部有着良好的友邻关系。园区通道和管道应靠近副产物、废物或能量的供给者和利用者，在保证物资流通的同时保证信息交流的顺畅。

另外，完善这些企业所处的系统背景，优化物质流、能量流和信息流在设计过程中也是极为重要的。

2. 基于 S2N 的生态工业园区规划

（1）双网络策略（S2N）

在生态工业园区内，由于多个企业的集中布置，原本独立的板块变得群集混杂，连通性或可达性成为评价运行效果的决定性因素。在生态规划领域，连通性经常用"流""链""网"等特性来实现和阐释，一般将规划区域看作多个独立网络，如水流、生物分布、交通、信息流通等进行的组合叠加，试图将点、线、面有机地联结到一起，构建出整个网络体系。

立体规划的概念是首先提出来的，它主要依据空间网络内垂直生态过程的连续性，自下而上地进行空间规划设计，最后用麦克哈格的"千层饼法"将各单层网络的元素进行组合叠加，形成一个立体网络。

通过对绿地网络的分析不难看出，由于绿地和水体共同起到调节微气候、休憩娱乐和消纳污染物的作用，就所追求的目的而言，二者可以一并考虑；从景观生态学的角度出发，绿地通过现存的自然水体系统，主要是湖泊、河流等，把公园和开敞空间有机地连接起来，使之成为有机的绿地系统，在景观生态规划的研究中，人们也常常将绿地和水体结合起来一起考虑。因此，在生态工业园区的规划与设计中，可以将水体和绿地结合起来看作一个景观生态网，从而进行整体设计。

（2）空间网络要素及研究方法

在生态工业园区的规划设计中，可以考虑在空间网络要素分析的基础上，按照"点—线—面"的顺序将其有机地结合起来，综合考虑各个因素，构成整个空间网络系统。

构建生态工业园区空间网络的两种方法主要有逐层扩充法和节点重要度法。逐层扩充法：如果生态工业园区的选址为未开垦的处女地，道路密度低，人工痕迹少，那么可以利用空间网络规划逐层扩充的方法，从无到有，逐步提高线网密度。这类园区往往只有几条河流的边界或主干道穿过园区内部，原始轴线（线性水系和主干道）连接园区内的原始节点（湖泊和湿地等），对地形、地貌的适应度较高，具有清晰、明确的走向，可以当作园区空间网络的主要轴线。节点重要度法：若是对现有工业园区进行生态改造，由于现有道路密度较高，可建立一个依据园区客货运输节点的网络空间，通过评估每个节点的功能、大小、权重和负荷，确定节点的运行重要程度，计算线路的重要度，如有需要可以适当调整其重要度级别，并对原区块进行重新划分。对重要度高的节点，原有轴线不能满足物流运输的要求，应该通过拓宽现有道路、增加平行线路或者改变控制方式等提高轴线的通行能力；对于重要度较低的节点，为满足保护区生物栖息和迁徙的需求，可以考虑与交通负荷低的生态走廊相连接。

（3）网络参数和要素设计

片区承载功能不同，对线网密度和服务水平的需求也各异。如生态服务区强调水源、生物栖息地的保护，对交通速度和密度的要求低，形态优美、曲折蜿蜒的步行道显然在该区更受青睐，而生物迁徙、繁殖、栖息等需要广阔的连续空间，水体和绿地的破碎化会影响其活动质量，因此连接度较高的生态网应该是该区的重要组成部分，可将河道作为中轴线，增设水渠、水沟、人工湿地等水体景观，在园区形成串珠式闭环结构，并对自然河岸进行修复或建设具渗透性的人工驳岸。而生态协调区生物生产区内的工业和商业活动强调经济和社会效益，也是生态工业园实现其发展目标的核心地带，便捷、高效的交通运输便成为基本需求和必要条件，交通网布局可从预测交通流量为基本出发点，执行点—线—面逐层展开的流程，控制道路等级结构，设置连通性强的交叉道路。此时该区内生态网只能作为调节微气候和消纳污染物的辅助和补充，如进行道路绿化，利用陡坡、冲沟、屋顶和墙壁等地带见缝插针地布设花台和花池，适当设置人工水体等。显然，生态网的连接度和通达性很难完全满足条件，应让位和服务于交通网的布局。

生态工业园区的空间网络构建须进行补充和完善，即详细分析每个片区内充实层的性质、形态等要素和参数设计以及其影响因子，再将不同功能的网络、不同性质的元素进行叠加组合，得到功能多样、连通性强、布局合理的园区物理环境。

3. 基于SLP的生态工业园区规划

生态工业园区是指在一个园区范围内，各企业通过相互之间的合作，促成对物质和能量的阶梯利用，从而整体提高对自然资源的利用率，主要表现为企业之间对废物的利用，即一个企业的废料可以当作另一个企业的原料使用。对于生态园区的规划，我们可将每个企业当作工业厂区里面的各个车间，分析企业间的物流和非物流关系，结合企业实际占地面积等因素，形成数个平面布置方案，最后对方案进行评价择优。

（1）企业间物流关系的分析

生态园区内企业的物流分析主要是确定在物流作业过程中物流对象（园区内各个企业，下同）的每个作业单元之间移动路径的强度和数量以及移动路径的最有效顺序。物流分析是通过对基础数据相互之间的依赖关系进行分析，为后续的布置设计提供参考。物流分析方法通常由物流对象和物流量的性质决定，不同的运作类型，应采用不同的分析方法。

（2）企业作业单元相关性分析

物流分析是生态工业园区规划设计的重要依据，但有时还存在一些非物流关系。这些非物流关系可能对物流运作产生重大影响，是必须重视的。另外，在生态工业园区内还存在一些管理或辅助性的功能场所，这些场所尽管本身不产生物流活动，但却与作业区有密切的业务关系，而这些非物流的业务关系必须通过作业单元相关性分析来反映。不同的是，物流分析的基础是物流对象、物流量、物流路线，而作业单元关系分析是以物流对象、物流量和辅助部门为基础的。

评价作业单元相互关系主要考虑以下几个方面：①程序性关系：因物料流、能量流和信息流而形成的关系；②组织与管理上的关系：管理部门组织上确定的关系；③功能上的关系：在一定区域内因功能的互补而建立的关系；④环境上的关系：因相互间安全考虑，操作环境上需要保持的关系。

采用作业单元相互关系图来简明地表示所有企业之间的物流关系，即在行与列交叉的菱形框中填入相关的作业单元之间的物流强度等级，以反映所有的物流关系。在绘制作业单元相互关系图时，也可将确定各作业单元之间的物流关系等级的所有理由列成编码表，根据编码表，将关系等级与确定该等级的理由一同填入行与列交叉的菱形框中。

（3）企业单元综合相互关系分析

生态工业园区的规划设计中，各企业作业单元之间不仅仅有物流的联系，非物流的联系也是不可或缺的。在 SLP 中，应该综合分析企业作业单元之间的物流关系和非物流关系，以此得到企业作业单元的综合相互关系，最后基于企业间综合相互关系，来合理确定各企业作业单元的空间位置。

（4）企业位置和空间关系的确定

在布置设计确定生态工业园区企业空间位置时，首先应该按照综合相互关系图确定企业的不同级别，再根据企业关系级别的高低确定企业作业单元的相互位置，关系级别高的企业应尽量靠近布置，关系级别低的企业应该较远布置，相同级别的企业应按照关系级别得分高低进行布置。一般来说，企业作业单元综合接近程度分值高的企业应该处于中间区域，分值低的企业一般在边缘区域布置。

而企业作业单元空间形状的确定是和物流配送中心的平面形状和建筑空间几何形状结合起来的。生态工业园区各企业作业单元的占地面积一般由设备占地面积、人员活动场地、物流区域、保留斑块等因素决定。将各个企业作业单元的面积考虑到空间布置图中，生成最终的空间关系图。

第三节 第三产业循环经济

一、旅游业循环经济

（一）旅游业循环经济的伦理观

1. 旅游业循环经济的环境观

旅游者利益和环境利益是旅游环境问题的核心，要成就旅游者自由旅游和实现自由旅游人的美好理想，就应维护旅游环境的平衡与可持续发展。就旅游系统而言，旅游生态环境是个多元化的概念，它既包括自然生态环境，也包括依赖于人而建构的文化生态环境，两者共同构成旅游地的吸引力核心。循环经济倡导能量平衡和减少环境污染，由于旅游系统的自然环境并非"荒野自然"，它是由实践和社会中介过的富有生气的旅游承载系统，因而旅游环境的平衡不能简单地等同于旅游环境的绝对物质维持，而应该建构起有序的旅游环境发展观，在隔绝旅游环境污染和避免能量失衡的同时，协调旅游者利益和旅游环境系统的利益，确立旅游者利益和旅游环境利益相互平等的环境道德观，并通过其依存关系对其进行协调，使其成为一个有序发展的统一整体。

2. 旅游业循环经济的资源观

在旅游系统中，稀缺的既不是旅游者，也不是旅游开发者，而是旅游资源，因此保护旅游资源成为旅游开发的重心。资源是旅游地的吸引力基础，随着旅游者生态素质的提升，旅游者所追求的旅游资源将逐渐由资源景观点变成资源生态系统。旅游资源的价值具有内生性和多元性，其价值是其内在所具有的、不以旅游者的需要为转移的客观价值，在旅游观赏价值外，它还具有有益于其他生态存在的客观价值。旅游资源包括自然旅游资源和人文旅游资源，两者均面临可持续发展的问题。自然旅游资源的保护可以通过生态型科技的发展和选择来更好地实现；而人文旅游资源的保护则主要依靠人类的精神传承，它的保存、发展还受限于处于时代"囚笼"中的人的价值选择，如何使人文旅游资源实现代内和代际的客观传递与价值共享，成为人文旅游资源可持续发展的关键基础。

3. 旅游业循环经济的社会观

旅游业的发展依赖于同社会进行有序的互动和资源交流，主要表现在与社会互动以及与旅游地社区互动两个层面。旅游业的有效运作以人流、物流、资金流和信息流等大量资源的流转为基础，资源的循环发展和多重利用正是旅游业价值创造的源泉所在，循环经济思想有助于从行业运作的基础层面推动旅游业的循环发展。同时，旅游是一个重要的文化传承工具，旅游交流有助于文化精神的共享和传递，并有利于促进旅游者的素质提升，推动文化资源社会经济价值的更好实现。

旅游业与旅游地社区的积极互动是旅游地发展的现实前提。旅游业循环经济倡导积极的经济转移，以刺激旅游地的各项消费、改善旅游地居民的生活水平，并帮助贫穷旅游地改善经济发展状况。旅游业循环经济鼓励健康的文化传播，以推动旅游地居民观念素质的现代化和旅游地的形象品牌提升，提倡旅游业发展要尽量使用当地人才，以促进旅游地的人才培育，并鼓励当地人参与旅游地的旅游投资，使旅游地社区在旅游投资、旅游就业、居民旅游等方面都参与旅游业发展，从而更大程度地享受到旅游地的发展成果，以避免"旅游飞地"的形成，将旅游地建设成积极参与的循环发展型旅游社区。

4. 旅游业循环经济的科技观

旅游业实现资源使用的减量化、再利用和再循环三个基本原则需要科学技术的坚实支持。传统的科技进步并不能解决由于经济规模扩大而产生的环境危机，因此，要建立以旅游者和旅游环境为主导的技术发展观，而不是相反地通过发展技术去改变旅游者和旅游环境；旅游者有权根据自己的合理需求去选择旅游方式并据此发展其技术平台，而不是相反地基于科技的变革来变革旅游方式。技术的变革应该服从于旅游者、旅游环境和旅游的社会意义。

（二）旅游业循环经济的产业范式

1. 旅游业循环经济的结构层次

旅游业的循环经济活动主要体现在四个层次，即单体旅游企业层次、旅游企业群落层次、旅游产业群落层次和国民经济的大生产群落层次。

四个层次的循环经济活动是逐层递进的关系，由于所处的产业链位序不同，因此，每个层次的循环经济活动有不同的实现路径与方式。

单体旅游企业是循环经济活动的具体执行者，旅游产业向循环经济范式转变的同时，旅游企业的微观运作方式也将发生具体而深刻的变化。旅游产业包括六大类要素企业，其内部的循环经济运作主要体现为节能降耗的努力，主要的实现方式是以观念变革为基础、从技术和管理角度推进"3R"原则的贯彻实施，通过范式结构的转化来实现自身与行业的可持续发展。

相同的旅游企业构成一个共生的行业，行业的发展与升级越来越依赖于基于共赢理念的合作式竞争，其主要实现方式是单体旅游企业在资源上的共享与协同，比如，旅游地的地区营销、预订系统的合作研发、人力资源培训联盟的构建、基于市场细分的行业结构协同等，都有利于旅游企业竞争力的提升和行业的良性发展。不同类型的旅游企业通过旅游者的集群式消费构成一个完整的产业链条，形成一个相互依赖的产业集群，旅游企业间通过输入上游企业的产品资源实现对旅游者的服务接待，因此，业内资源的共享、协同与转化利用是整个旅游产业存在的基础。旅游业循环经济强调通过信息协同、企业一体化发展和良好的产业规划来更好地实现这种运作。

2. 旅游业循环经济的产业运作范式

以包价旅游作为标志的传统旅游业将旅行社置于行业运作的核心，大部分旅游者的旅游活动都由旅行社经手完成，行业中的客源招徕、旅游行程安排、票务预订、酒店预订、导游解说等行业的核心流程也均由旅行社组织运作。传统旅游业因而表现为以旅游行程为导向、以经济利益为目标的运作范式。

旅游业循环经济提倡旅游本质的回归，主张以生态位理念来梳理行业的价值链体系和旅游企业的生态位序。旅游者对自由旅游本质的追求将使自主性、个性化的旅游方式蓬勃发展，旅游者的主体地位将不断增强，可以自助完成行程安排、票务预订等核心的行业流程，旅游者因而替代旅行社成为行业的运作核心。相比于传统旅游经济，旅游地生态替代纯粹的旅游景观成为核心的旅游吸引力，旅行社的导游解说功能和信息服务功能替代行程安排功能成为其盈利核心，旅游住宿、餐饮、购物和娱乐将直接面向旅游者，在减少中间环节的同时也有利于行业成本的压缩和资源的高效利用，旅游业循环经济因而表现为以旅游体验为导向、以生态利益为目标、以旅游者为根本主体的产业运作范式。旅游业以"镜像"的方式来实现循环经济范式的转变与产业结构的升级。

作为旅游经济范式与旅游产业结构的理论反映，旅游规划对旅游业的运作有着基础性的影响。在旅游业循环经济模式下，旅游的社会意义和环境的生态意义重于其经济意义，旅游业的寻租功能因而被弱化，旅游业各利益主体的博弈导向因此发生改变。在这种范式下，旅游者通过个体的消费权直接影响旅游规划，政府部门通过法制权支持旅游规划，生态环境通过生态条件规范旅游规划，旅游专家通过知识权引导旅游规划，旅游规划的智力创造过程将以景观生态、消费生态、企业生态、行业生态等多重生态体验作为设计导向，以为旅游业的发展提供可持续的智力支持。循环经济型旅游规划范式既是对传统旅游规划范式的镜像式升级，也是旅游业生态体验的多重镜像反映。

二、商业服务业循环经济

（一）餐饮业的循环经济发展模式

餐饮业是以盈利为目的的提供餐饮服务的部门，目前，餐饮业大都是单向的线性经济，资源综合利用率低，环境污染比较严重。餐饮业需要消耗大量能源，大都是直接燃烧燃料，有时还需要使用电力。餐饮洗涤废水以及废油的排放会导致下水道堵塞，还会发酵产生甲烷，容易爆炸，如果下水管网直接流向河流和海洋，那么还会进一步扩大污染范围。餐饮固体垃圾包括厨房废弃原料、顾客的剩余饭菜，以及大量一次性餐具等，不仅浪费了大量资源，处理困难，还是传播疾病的根源之一。此外，餐饮业的废气和噪声污染也都比较严重。在餐饮业发展循环经济，不但能有效解决环境污染问题，而且能加强对原材料的控制，从而提升全行业的环境友好性。

餐饮业的循环经济措施主要包括以下几点：首先，要以提供绿色食品为根本，从源头上采购无污染的应季食材和辅料，按照绿色饮食标准和顾客需求来精细加工，强化食品安全和卫生。其次，要倡导绿色消费，引导顾客文明消费和按需消费，避免食品浪费，全面减少一次性产品的使用，同时强化餐具的杀菌消毒。再次，积极采用有助于环境保护的新技术和清洁能源，燃料方面要改善燃烧设备的结构，提高燃烧效率，减少二氧化碳排放；洗涤剂方面应采用无磷产品，废水必须与城市污水处理系统连接，禁止废水废油直接外排；油烟和噪声方面，应该加强相应设备的改造，减少对环境的危害。最后，对餐饮废弃物进行分类回收与利用，要避免流体垃圾与其他废弃物混合，以便使可用资源更加易于提取，其中的木质废物经过消毒以后可以用于造纸或燃烧发电等，其他的固体废物也应该分别提取并返还至第二产业中相应的资源回收部门，对流体垃圾也应该在源头分类，然后再分别出售给第一产业中的相关部门。

（二）流通业的循环经济发展模式

流通业是使商品从生产环节转移到消费环节的中间部门，在国民经济体系中意义重大，主要包括物流业、批发业、零售业。流通业主要以第二产业提供的设施、设备、能源为基础，通过转移第一、第二产业的产品而获得收益。

批发业和零售业的循环经济措施比较相似，主要有三方面内容：一是场地资源的充分利用，要合理设置库存水平，避免货物过多堆积，还要充分利用库存区域和销售区域的空间；二是设备和能源的集约利用，要合理调整销售区域的通风和照明水平，优先采用节能的设备，并对设备进行科学维护；三是包装废弃物的回收，批发零售商有义务对包装物进行最详细的分类，并使其尽快重新回到再生领域。

此外，针对通信服务业循环经济发展模式，推进绿色基站建设。鼓励采用分布式基站网络结构，通过载波智能功效、智能调整等手段降低设备能耗。推广以自然冷热源和蓄电池温控为基础的空调升温启动技术，合理采用风光互补、分布式冷却系统以及电池组在线维护管理，实施传统基站节能改造。合理设计供电方案，推广应用绿色电源。

推进绿色数据中心建设。加快老旧设备退网，鼓励建设云计算、仓储式及集装箱式数据机房，广泛应用先进节能技术，加大节能改造力度，提高数据中心和机房的能源利用效率。鼓励回收废旧通信产品，推动通信运营商回收基站中的废旧铅酸电池。依托通信运营商服务网点，探索采用押金制等方式建立废旧手机、电池、充电器等通信产品的回收体系，提高回收率。

三、物流业循环经济

（一）交通业的循环经济发展模式

交通运输业是国民经济中专门从事货物和旅客输送的生产部门，运输方式主要包括铁路、公路、水运、航空和管道五种。铁路是其中最高效的运输方式，运力强，成本低，土地资源占用少，能源消耗少，二氧化碳排放也比较少。但铁路往往由国家统一建设管理，低级别的区域不具有管理权限。水运是最清洁的运输方式，消耗能源很少，沿海地区可以发展海陆运输，内陆地区在条件允许的情况下可以发展内河航运。但是水运对航道的要求比较高，而且港口建设对海岸环境的影响较大，因此不是所有的区域都适合发展水运。航空运输业能耗相对较高，但是在远距离运输上时间优势明显，是人口高密度区域和边远区域的必然选择。管道运输主要负责长距离运输液体和气体，安全可靠，甚至还可以运输矿石、煤炭、建材、化学品、粮食等。但管道运输灵活性较差，需要其他运输方式的配合，而且承运的货物比较单一，成本也比较高，更不能运输旅客。只有公路运输，才是所有区域都普遍具有的运输方式，在运输业中占据主导地位，很多发达国家公路运输客货周转量都占总周转量的90%左右。

公路运输机动灵活、适应性强，中短途运送速度快，但是同时也存在很多问题，比如，运量较小、成本较高、安全性较差，最主要的是能源消耗高、环境污染大，因此必须按照循环经济理念尽快加以改善，具体措施包括以下几点：第一，在基础设施建设方面，要科学规划，合理分配土地资源，并充分利用地下和空中资源；建设施工时要尽量就地取材，多用再生材料，并注重生态保护；要注意优化路网结构，提高区域内的畅达性，提高路网的整体承载能力和运行效率。第二，在公众的出行方式上，应该优先选择步行、骑车和公共交通等绿色的出行方式，减少私人汽车的使用；同时，政府部门也应该采取各种措施确保公交优先，主要包括规划优先、土地优先、路权优先、政策扶持优先、资金支持优先等，提高公共交通的覆盖率和便利度。第三，在交通工具准入方面，必须制定严格标准，引导公众选择绿色的交通工具，鼓励使用自行车、公共汽车、小排量汽车，对排量大的汽车要额外征税，污染排放不达标的要及时予以退出。第四，在交通能源方面，要分析交通行业的节能潜力，包括结构性节能、技术性节能和管理型节能等，通过多种途径实现交通能源的节约，全面提高能源的利用效率；同时，积极开发替代能源，研究适用新能源的交通工具，比如燃气汽车、乙醇汽车、电动汽车、太阳能汽车、混合动力汽车等。第五，在交通废物的治理方面，要逐步减少单位交通工具的尾气排放量，控制噪声污染；另外，还要对报废的交通工具尽快拆解、分类回收，以便使之重新转化为资源，并进入新一轮的循环。

（二）物流业的循环经济发展模式

1. 循环经济视角下的物流业生态发展观

循环经济立足于资源获取和使用的方式，核心是循环重复利用一切资源。循环经济的主要思想表现在以下三个方面：一是闭环系统主导的资源高效利用和循环利用；二是降低生产过程中的废物排放，减少对环境的污染；三是实现经济增长模式的变革，提高生产效率和效益，这也是生态经济学的要求。生态经济学实质是研究产业、经济及生态之间的相互作用关系，以推动经济与生态相互协调发展，实现提高资源利用率、减少环境污染的目标。由此可见，循环经济与生态化发展并不是完全重复或相交的概念，其有本质的区别。生态化发展是一个循序渐进、逐步完善的发展过程、方式和路径，而循环经济是发展目标，是生态化发展的最终表现。

循环经济视角下的物流业生态发展诠释。循环经济视角下的物流业生态发展是用生态化的理念和思维方式来处理物流业、其他产业、经济发展与资源环境之间的关系。因此，循环经济视角下的物流业生态发展把物流业内部各系统之间的协调发展、物流业与社会经济资源环境的互动关系视为一个辩证统一、相互作用的生态整合过程。可见，最低层次的生态化发展是打造物流业自身的生态系统，产业内健康有序，能充分处理好竞争与共生的关系，表现为实现产业功能、创造产业价值；中间层次的生态化发展处在一个更大的社会生态系统中，社会各行各业均衡发展、优势互补、功能耦合；最高层次的生态化发展是减少对环境造成的破坏与污染，实现产业的可持续发展。

2. 循环经济视角下物流业生态化发展对策

（1）加强政策激励，促进物流集群化发展，构建健全的物流业生态体系

现阶段循环经济下物流业生态化发展的核心是构建一个健全的物流生态体，这个体系主要以物流业发展为核心，包括与物流业有共生关系的行业、政府组织等，在信息技术的支撑下，进行物资能量的输入、转换与输出，实现物流业与经济社会发展、环境资源协调发展，形成相互依赖、和谐共生的物流业生态体系。

（2）强化物流业与其他产业间的联系，实现有机生态物流链

物流产业本身内部相互依存、休戚与共，同时，物流业属于服务业，独立地位较弱，必须依附于其他产业。因此，物流业与制造、商贸、信息、金融业等其他行业之间的联系亟待加强，以构建物流大生态体系。物流作为衔接供应链上下游企业的纽带，在大生态物流链构建中扮演着重要的角色。首先要整合物流内外部资源，拓展服务；同时作为商业通路，要充分利用其在数据、信息方面的资源，为客户创造价值。

（3）完善市场功能，推动物流生态化发展机制的建立

物流业生态化是一个不断发展、演变和提高的过程，发展过程受物流业内外部环境的影响。由于我国物流业发展进程缓慢，受科技、资源、人才等影响因素的严重制约，政府主导和行政监管都不够到位，市场的作用没有得到充分发挥。在此背景下，我们应积极探索和建立物流业生态化发展的形成机制，摸清物流业生态化发展的内在规律，为逐步实现循环经济目标提供基础保障。物流业生态化发展机制包括促进机制、约束机制、激励机制和保障机制。促进机制能够有利于从长远利益出发做出决策；激励机制能够保证物流及相

关产业发展的近期目标与长远目标趋于一致；约束机制能确保克服损害长远利益的短期行为；保障机制为管理活动提供物质和精神条件的基础支撑。

（4）加快提高物流业及相关产业信息化程度，鼓励多重物流模式的发展

物流业作为衔接供应链供需双方的纽带，是供应链上的资源和信息的重要载体，相关信息的收集、处理、传输对物流及供应链企业的高效运作有着深远的影响。因此，应将现代化的信息技术运用于物流各环节中的沟通和协调，鼓励物流业通过技术创新，实现机械化、自动化、智能化装备水平。循环经济下的物流业发展不应拘泥于单一模式，物流业是综合性产业，涉及多重行业，差别很大，从实体货物到虚拟产品都存在很大的差异，再加上行业之间的发展差异，物流业从经营组织方式、发展规模、领域、区域等方面讲，都各有特点。应据实际发展水平，采取因地制宜、分类发展的原则，鼓励发展第三方专业物流。

（5）发展精益物流，注重逆向物流和循环物流，减少资源浪费

精益思想起源于日本，其核心是以较少的投入创造出尽可能多的价值，目的是提高每一环节的资源利用率，杜绝浪费。应大力发展精益物流，重视退货和回收物流，尽最大可能在物流过程中抑制对环境造成的危害，实现资源的循环利用。目前，精益思想的理论和实践在日本已经相对比较成熟，我国相关的企业、科研机构等专家学者可进行借鉴，将精益物流与供应链管理的思想密切融合起来，提出一套适合我国产业发展的"精益物流与供应链"新概念。政府及相关部门应对其进行广泛推广，并鼓励企业通过技术创新、管理创新等手段来推动精益物流的实现。

参考文献

［1］龚代华．科学决策学派基于独立信息的经济管理模式［M］．南昌：江西高校出版社，2021．

［2］潘显好．经济与管理书系光明社科文库绩效亭中小企业绩效管理方法体系与路径［M］．北京：光明日报出版社，2021．

［3］吕振威，李力涛．企业经济管理模式规范化与创新研究［M］．长春：吉林科学技术出版社，2021．

［4］张飞雁．经济与管理书系光明社科文库中国国有企业混合所有制改革的路径研究［M］．北京：光明日报出版社，2021．

［5］龚代华．科学决策学派基于独立信息的经济管理模式［M］．南昌：江西高校出版社，2021．

［6］沈映春，乐晓．经济学悖论的破解经济效益理论［M］．北京：北京航空航天大学出版社，2021．

［7］李涛，高军．经济管理基础［M］．北京：机械工业出版社，2020．

［8］王远．环境经济与管理［M］．北京：中国环境出版集团，2020．

［9］陈莉，张纪平．现代经济管理与商业模式［M］．哈尔滨：哈尔滨出版社，2020．

［10］李雪莲，李虹贤．现代农村经济管理概论［M］．昆明：云南大学出版社，2020．

［11］姜晓琳，韩璐．财务会计基础及经济管理研究［M］．文化发展出版社，2020．

［12］麦文桢，陈高峰．现代企业经济管理及信息化发展路径研究［M］．北京：中国财富出版社，2020．

［13］王道平．企业经济管理与会计实践创新［M］．长春：吉林人民出版社，2020．

［14］李萌昕．信息时代的经济变革网络经济与管理研究［M］．昆明：云南人民出版社，2020．

［15］张荣兰．资产管理在事业单位经济管理中的作用［M］．北京：中国原子能出版社，2020．

［16］卫志民．宏观经济理论与政策［M］．北京：中国经济出版社，2020．

［17］曹晖．电子合同理论与应用［M］．南京：东南大学出版社，2020．

［18］王伟舟，张艳．应用型本科经济管理类专业基础课精品教材经济学：第 2 版［M］．北京：北京理工大学出版社，2020.

［19］高军．经济管理前沿理论与创新发展研究［M］．北京：北京工业大学出版社，2019.

［20］王宛濮，韩红蕾．国际贸易与经济管理［M］．北京：航空工业出版社，2019.

［21］方天坤．农业经济管理［M］．北京：中国农业大学出版社，2019.

［22］郭春荣．基于国际视阈的经济管理人才培养理论研究与实践探索［M］．北京：中国时代经济出版社，2019.

［23］韦克俭．经济管理专业本科教育教学改革与创新［M］．北京：人民日报出版社，2019.

［24］杨承训．市场经济理论典鉴［M］．北京：知识产权出版社，2019.

［25］陈兴淋，刘尧飞．商务谈判理论与实务［M］．北京：北京理工大学出版社，2019.

［26］刘大可．会展经济理论与实务［M］．北京：首都经济贸易大学出版社，2019.

［27］胡海峰．公司并购理论与实务［M］．北京：首都经济贸易大学出版社，2019.

［28］张晓农．企业税务理论与实务［M］．北京：机械工业出版社，2019.

［29］张红伟．虚拟经济理论与实践［M］．成都：四川大学出版社，2019.

［30］曾国华，吴雯雯．战略管理理论、方法与应用［M］．北京：冶金工业出版社，2019.